# TEXTES
# POUR AUJOURD'HUI

collection dirigée par *Pierre Barbéris*
*et Georges Jean*

# A TRAVERS PRÉVERT

par
**JOËL SADELER**

Professeur au Collège
d'Enseignement Général de Ballon

**LIBRAIRIE LAROUSSE**

17, rue du Montparnasse
et 114, boulevard Raspail, Paris VI<sup>e</sup>

# Table des matières

Prévert, poète de la vie, de la vie immédiate, parle aux autres d'un monde palpable, vrai pour les hommes de la rue. C'est en cela qu'il est essentiellement populaire. Il parle aux gens de ce qui fait leur monde, leur vie de chaque jour.

André Laude, *Le Monde*, 10-11-1972.

# Pour faire le portrait d'un poète

S'il faut, d'un trait, d'un adjectif, tracer le portrait de Jacques Prévert, au risque de schématiser à l'excès, c'est sans doute l'épithète « populaire » qu'on doit employer. Jacques Prévert est en effet un poète populaire par ses origines familiales modestes, par le nombre de ses lecteurs, par la matière et la manière de ses poèmes.

Né avec le siècle, le 4 février 1900 à Neuilly-sur-Seine, six ans avant son frère Pierre, le futur cinéaste, Jacques connaîtra très tôt les vicissitudes de la vie. Son père travaille alors à l'Office central des pauvres. Jacques l'accompagne souvent le jeudi, découvrant Paris et la misère des autres... En 1915, il commence à gagner sa vie en faisant divers petits métiers. C'est l'époque aussi des premiers films de Chaplin. Très tôt Jacques Prévert est passionné par le cinéma. Il y va d'abord en famille « les enfants devant »,

> Nous quand on était petits, on allait au cinéma. C'est-à-dire qu'on avait une situation particulière, même si on ne mangeait pas régulièrement ou à crédit, on allait au cinéma. D'abord, ça ne coûtait pas cher, de plus, aussi bien mon père, que ma mère, mon frère et moi on aimait le cinéma. Ça coûtait 30 centimes avec un billet de faveur qu'on trouvait au bureau de tabac. Mon père nous disait de passer avant lui. Alors, mon frère et moi on passait et mon père disait : « Les enfants d'abord ». Et il nous faisait passer. Ensuite, il donnait simplement ses deux tickets pour ma mère et pour lui « Et les enfants ? » « Quels enfants ? » « Comment ils ne sont pas avec vous ? » « J'ai dit : les enfants d'abord, parce qu'on laisse passer les enfants d'abord ! » Et nous, nous étions entrés, nous étions placés. (Jacques Prévert, *Image et Son*, n° 189, déc. 1965).

puis, bientôt en compagnie de Marcel Duhamel et Yves Tanguy dont il a fait la connaissance au service militaire. Au retour, ils s'installent tous les trois à Montparnasse et Jacques Prévert s'y laisse vivre... au milieu d'autres poètes, Breton, Péret, Desnos, Leiris, Queneau, Soupault, Aragon, qui fréquentent la rue du Château.

> Rue du Château, on se « marrait ». On pratiquait comme une gymnastique quotidienne, la farce, le canular : « l'humour vert » au lieu de « l'humour noir ». Rue du Château, on était indiscutablement « peuple ». Loin de Mallarmé, dont on cachait les œuvres complètes derrière les piles de *Fantômas*, loin des graves discussions sur la poésie, on vivait l'instant... (André Laude, *Le Monde*, 10-11-1972).

Comme le rapporte Andrée Bergens [1], à cette époque Prévert « n'a pas la moindre idée de la direction dans laquelle il va s'orienter. S'il fait partie du petit groupe de la rue du Château, c'est plus en raison de l'amitié qu'il a pour eux — et qui est tout à fait réciproque — que de l'intérêt qu'il porte à leurs activités. [...] Il continue à fréquenter le groupe surréaliste sans chercher comme eux une activité créatrice. Il assiste à leurs réunions en tant que spectateur sympathisant [...] ». Sympathisant plutôt que militant, fraternel mais individualiste, Prévert préfère vivre plutôt que réfléchir, flâner dans Paris plutôt qu'ébaucher des théories... A la fin de l'été 1928, il est exclu du groupe surréaliste.

En vérité Jacques Prévert ne se prend pas au sérieux. Ses premiers textes, griffonnés sur des bouts de papier, des nappes de restaurant ou dactylographiés par ses « copains » traînent un peu partout et circulent au hasard. Certains sont publiés par quelques petites revues poétiques à l'audience confidentielle, mais de qualité. D'autres sont dits ou chantés, sur des musiques de Joseph Kosma, par des artistes comme Marianne Oswald, Agnès Capri et Germaine Montero qui se produisent dans des cabarets d'avant-garde. Ces premiers succès ne préoccupent guère notre poète, habité dans le même temps par la passion du cinéma — il commence à écrire des scénarios — et du théâtre. De 1932 à 1936, il donne de nombreux textes au Groupe Octobre, chansons et courtes pièces de théâtre qu'il interprète parfois au milieu de ses

---

1. Andrée Bergens, *Prévert*, Éditions Universitaires, Classiques du XXᵉ siècle, 1969.

camarades, parmi lesquels Raymond Bussières qui est à l'origine de ce groupe défini par Gérard Guillot [2] : « Le but : réagir à l'événement. Le moyen : une troupe de copains, d'amis. Les résultats : un public vraiment populaire. »

> Dès qu'il y avait un événement politique ou n'importe quoi, il se mettait à un coin de table, il écrivait un chœur parlé, ou un texte, qui était mis en répétition immédiatement et puis joué presque séance tenante... Il y avait beaucoup de manifestations politiques [3] à ce moment-là, la Fédération du Théâtre Ouvrier était une filiale du Parti Communiste, il faut bien le dire. Chaque fois qu'il y avait une manifestation, la partie artistique était fournie par la Fédération du Théâtre Ouvrier dont faisait partie le Groupe Octobre. (Pierre Prévert, *Image et Son*, n° 189, déc. 1965.)

Dès cette époque, les activités de Prévert sont triples : cinéma, théâtre, poésie et chansons. Mais c'est au cinéma que vont ses préférences, c'est le cinéma qui le fait connaître au public avec des films comme : *Drôle de drame, Quai des brumes, Le jour se lève, Les visiteurs du soir, Les enfants du paradis, Les portes de la nuit* que met en scène Marcel Carné.

Ce n'est qu'après la guerre, en 1946, que René Bertelé réunit les textes de Prévert, parus un peu partout, à partir des années 30. Il les publie sous le titre *Paroles* (édition définitive 1947). Comme le note Arnauld Laster [4] :

> *Paroles*, plus qu'un livre sorti tel quel de l'esprit de Jacques Prévert, est un recueil, au sens propre du mot, c'est-à-dire qu'il est issu de l'effort de l'éditeur René Bertelé pour rassembler tous les textes et poèmes publiés ou donnés à des amis par Prévert.

Le succès de *Paroles* est immédiat surtout à Paris, à Saint-Germain-des-Prés en particulier, où le poète est déjà connu, par ses chansons qu'interprètent alors Mouloudji et Juliette Gréco. Ce qui fera dire un peu plus tard à Roger Nimier : « Prévert n'est

---

2. Gérard Guillot, *Les Prévert*, Seghers, Cinéma d'aujourd'hui, 1966.
3. C'est l'époque notamment où Hitler devient chancelier (1933), des manifestations de droite en France (1934), du Front Populaire (1936) et des premiers soulèvements en Espagne.
4. *Paroles-Prévert*, Hatier, collection « Profil d'une œuvre », 1972.

plus à la mode : il est devenu populaire [5] ». Dix-sept ans plus tard, François Bott, saluant la parution de *Choses et autres* et de *Hebdromadaires* confirme [6] :

> Revoilà Jacques Prévert. La mode l'avait oublié. Ce n'était pas même la dernière lanterne de ses soucis. Jamais il ne lui fit un clin d'œil. S'il fait la cour à quelqu'un c'est à la vie ; non pas à la mode qui flirte avec la mort... »

Le succès de *Paroles*, prolongé par celui de ses autres recueils, dont les principaux sont : *Spectacle* (1951), *Le grand bal du printemps*, (1951), *La pluie et le beau temps* (1953), *Histoires* (1963), *Fatras* (1965), *Choses et autres* (1972), n'a pas tourné la tête de Jacques Prévert, indifférent aux honneurs et à la gloire littéraire. Et pourtant que de livres vendus, de poèmes enregistrés, de chansons diffusées dont les célèbres *Feuilles mortes*, longtemps en tête du hit-parade de la chanson ! « Je puis dire que *Paroles* a battu de loin dans ma petite librairie du Quartier Latin, le record de vente. J'en ai vendu plusieurs mètres cubes », affirme le poète-libraire Pierre Béarn dans *Le Monde* du 10 novembre 1972.

Accueil favorable donc, auprès d'un large public qui découvre avec lui la poésie contemporaine et bientôt d'autres poètes tels que Desnos, Eluard, Aragon, Boris Vian, ce qui fait dire à André Laude : « Jacques Prévert est un poète qui a fait plus que tout autre pour la poésie, pour ses aventures modernes, plus que mille plaquettes éditées confidentiellement de Nevers à Romorantin, de Lourdes à Plougastel-Daoulas ». Propos que confirme Marjan [7] en écrivant, non sans humour : « Incontestablement, il a marqué des tas de jeunes poètes, qui ont ainsi échappé à la sclérose en plaquettes... », des jeunes et des moins jeunes, des romanciers et des poètes qui ont noms : Hervé Bazin, Armand Lanoux, René Fallet, San Antonio dont les romans policiers fourmillent d'inventaires surréalistes, André Verdet, Jean L'Anselme, Jules Mougin, Roland Bacri, Tristan Maya, et tant d'autres... Mais, « un tel succès n'a pas été sans créer de malentendus... Pour parler clair, Prévert était coupable parce que célèbre, indigne parce que ses vers murmuraient sur les lèvres de la dactylo, « mineur » parce que

---

5. Cité dans *Parler*, déc. 1965.
6. *Le Monde*, 10-11-1972.
7. Poète né à Niort en 1918.

connu de la majorité [8] ». « Un Maurice Chevalier pour midinettes bavardes » prétend Alain Bosquet ; « Ce guignol du pavé qui se prend pour Goya » affirme Claude Mauriac ; « En 1850, on aurait dit Béranger. Aujourd'hui on dit Jacques Prévert » (Albert Camus) ; « Un petit jeu de société » (Michel Manoll) ; « Le Déroulède des anarchistes » (B. de Fallois) [Extrait de *Parler*, n° 9, consacré à Prévert].

Avec André Laude, on peut se demander aujourd'hui si ces jugements ne sont pas à réviser, s'il ne faut pas reconnaître en Jacques Prévert un poète essentiel, « qui a beaucoup révélé » (Pierre Chabert), « qui dispose souverainement du raccourci susceptible de nous rendre en un éclair toute la démarche sensible » (André Breton) ou encore selon Marissel : « Le triomphe de la poésie orale » (Extrait de *Parler*, n° 19).

On le voit, les jugements sur Prévert sont partagés. Rien de plus normal pour un poète qui de temps à autre a cédé à la facilité, au jeu de mot gratuit, à la tournure hasardeuse. Mais reste le succès, dû, pour une bonne part, sans doute, à la matière et à la manière de ses poèmes. Jacques Prévert est un poète du peuple. C'est le poète des sans-grade, des oubliés, des paumés, de ceux qui ont froid, de ceux qui ont faim, de ceux qui travaillent pour des salaires de misère, de ceux qui sont exploités, opprimés, de ceux qui font la guerre et qui n'en reviennent pas...

> Prévert, poète de la vie, de la vie immédiate, parle aux autres d'un monde palpable, vrai pour les hommes de la rue. C'est en cela qu'il est essentiellement populaire. Il parle aux gens de ce qui fait leur monde, leur vie de chaque jour (André Laude, *Le Monde*, 10-11-1972).

C'est le poète fraternel des travailleurs, le poète amoureux de la femme, le poète tendre de l'enfance. Et c'est pourquoi tant d'hommes et de femmes, tant de jeunes se reconnaissent en lui et dans ses poèmes, d'autant que Jacques Prévert s'exprime avec la langue du peuple, pleine de verve et de gouaille, la révolte et le mégot à la bouche... Son parler franc et direct, son humour corrosif, son côté anarchiste sont bien faits pour plaire au plus grand nombre. Jacques Prévert est mort le 11 avril 1977 à Omonville-la-Petite (Manche).

---

8. André Laude, *Le Monde*, 10-11-1972.

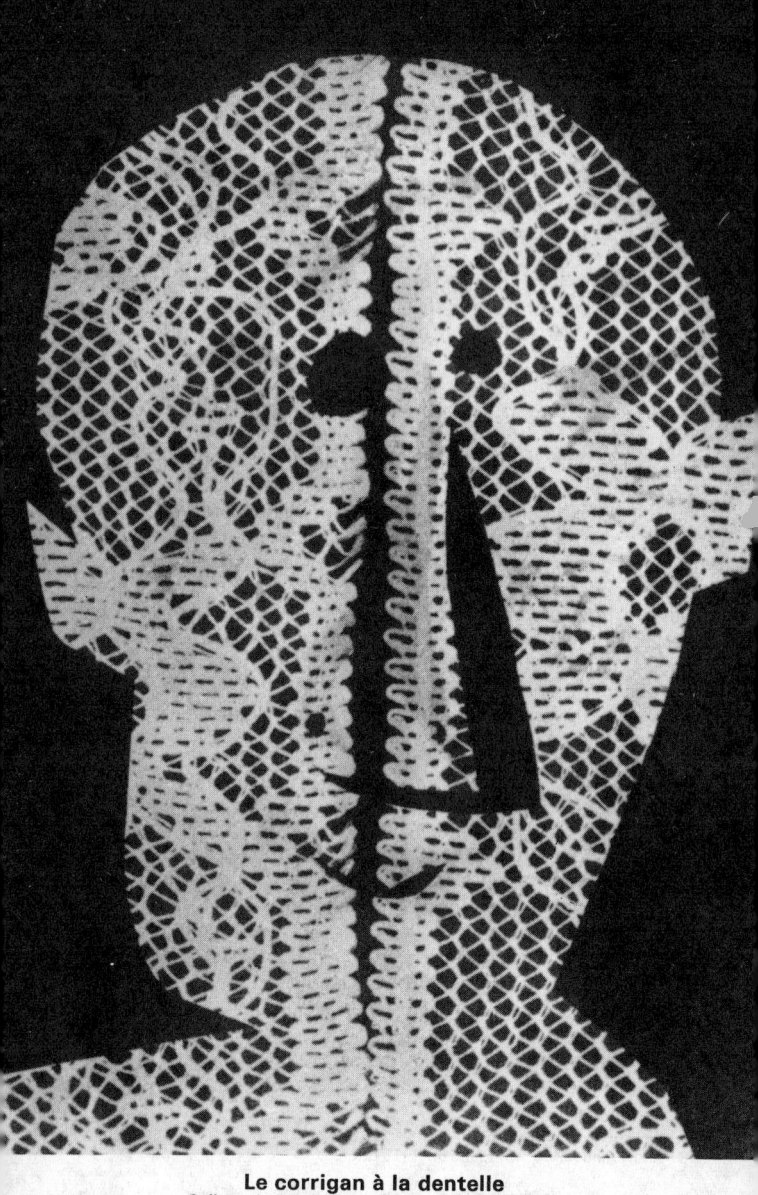

**Le corrigan à la dentelle**
Collage de Prévert pour *Fatras*, Gallimard, 1966
Phot. André Villers

# Prévert et l'enfant

Parmi les différents thèmes choisis, ce n'est pas un souci d'ordre chronologique — l'enfance, première étape de la vie d'homme — qui nous a conduits à retenir d'abord ces poèmes consacrés à l'enfant. C'est bien plutôt l'amour que Jacques Prévert porte aux enfants : « Les grands et les petits. On ne compte plus les poèmes et les scénarios qu'il leur a consacrés [1] ». C'est aussi que Prévert est facilement touché par leur langage naïf et maladroit, leur humour involontaire, leur expression naturelle et spontanée. Il est « de ces poètes majeurs qui essaient de retrouver la démarche de l'enfant qu'ils furent, et de décrypter le monde pur d'avant la faute (et la littérature) que, seul, l'enfant a le pouvoir de ressusciter [2] ». C'est enfin que Prévert est toujours du côté des faibles, des opprimés, des mal-aimés, de ceux qui n'ont pas eu de chance dans la vie. Et les enfants sont souvent de ceux-là qui subissent le plus durement les contraintes de la vie quotidienne, école, parents, misère, guerre, etc, avec pour seule défense le rêve... Cette rencontre naturelle entre le poète et l'enfant, cette complicité familière, cette amitié réciproque méritaient de trouver place et trace dès les premières pages d'un ouvrage justement destiné aux enfants et aux jeunes gens...

Et d'abord, un court poème, devenu, paradoxe pour un texte anticonformiste, un « Prévert classique », c'est-à-dire un texte qu'on apprend en classe.

---

1. Philippe Haudiguet, *Image et son*, n° 189, déc. 1975.
2. Jean Rousselot, *Panorama critique des poètes français*, Seghers.

## Le cancre

Il dit non avec la tête
mais il dit oui avec le cœur
il dit oui à ce qu'il aime
il dit non au professeur
il est debout
on le questionne
et tous les problèmes sont posés
soudain le fou rire le prend
et il efface tout
les chiffres et les mots
les dates et les noms
les phrases et les pièges
et malgré les menaces du maître
sous les huées des enfants prodiges
avec des craies de toutes les couleurs
sur le tableau noir du malheur
il dessine le visage du bonheur.

### Paroles

Gallimard, N.R.F., collection « Le Point du Jour »

*Quel « visage de l'école » donne cet élève ? Êtes-vous de son avis ? Que sont des « enfants prodiges » ? Connaissez-vous des « musiciens prodiges », des « joueurs prodiges » ? George Jean [1] dit que « ce n'est pas un texte à la gloire du cancre, mais plutôt un poème, dédié à l'enfant libre d'aimer, aux enfants qui regardent le bonheur, qu'une école condamnait à jamais ». Qu'en pensez-vous ? Dire d'abord à deux voix, en opposant les « oui » aux « non », puis laisser éclater le « fou-rire », avec une note de tendresse (derniers vers).*

---

Encore un poème bien connu, évoquant à nouveau l'univers routinier de l'école. « Mais voilà l'oiseau-lyre » qui entre dans la classe, et avec lui, la poésie, qui transforme le monde et rend les choses à la nature.

---

1. Georges Jean, *Le Livre d'Or des Poètes*, tome 2, Seghers.

## Page d'écriture

Deux et deux quatre
quatre et quatre huit
huit et huit font seize...
Répétez ! dit le maître
Deux et deux quatre
quatre et quatre huit
huit et huit font seize.
Mais voilà l'oiseau-lyre
qui passe dans le ciel
l'enfant le voit
l'enfant l'entend
l'enfant l'appelle :
Sauve-moi
joue avec moi
oiseau !
Alors l'oiseau descend
et joue avec l'enfant
Deux et deux quatre...
Répétez ! dit le maître
et l'enfant joue
l'oiseau joue avec lui...
Quatre et quatre huit
huit et huit font seize
et seize et seize qu'est-ce qu'ils font ?
Ils ne font rien seize et seize
et surtout pas trente-deux
de toute façon
et ils s'en vont.
Et l'enfant a caché l'oiseau
dans son pupitre
et tous les enfants
entendent sa chanson
et tous les enfants
entendent la musique
et huit et huit à leur tour s'en vont
et quatre et quatre et deux et deux
à leur tour fichent le camp
et un et un ne font ni une ni deux
un à un s'en vont également.
Et l'oiseau-lyre joue

et l'enfant chante
et le professeur crie :
Quand vous aurez fini de faire le pitre !
Mais tous les autres enfants
écoutent la musique
et les murs de la classe
s'écroulent tranquillement.
Et les vitres redeviennent sable
l'encre redevient eau
les pupitres redeviennent arbres
la craie redevient falaise
le porte-plume redevient oiseau.

**Paroles**

Gallimard, N.R.F., collection « Le Point du Jour »

*Qu'est-ce qu'une lyre ? Et un oiseau-lyre ? Pourquoi l'appelle-t-on ainsi ? Chercher les différentes voix du poème. En tenir compte dans la diction « en chœur » du poème. Faire « jouer » ce poème par les élèves, dans la classe même. Y introduire la musique de l'oiseau-lyre : flûte de pan de Georges Zamfir, par exemple, ou clarinette de Maxime Saury dans « Creole Love Call » de Duke Ellington (45 T. DP Standard Ducretet-Thomson, « Rendez-vous à la Huchette »).*

*Écouter : « Les Frères Jacques chantent Prévert » (Philips, Collection Rencontres, Standard B 77130 L) 33 T. — « Montand chante Prévert » (Philips-Artistique L.77479 L. 33 T).*

------

## En sortant de l'école

En sortant de l'école
nous avons rencontré
un grand chemin de fer
qui nous a emmenés
tout autour de la terre
dans un wagon doré

Tout autour de la terre
nous avons rencontré
la mer qui se promenait
avec tous ses coquillages
ses îles parfumées
et puis ses beaux naufrages
et ses saumons fumés
Au-dessus de la mer
nous avons rencontré
la lune et les étoiles
sur un bateau à voiles
partant pour le Japon
et les trois mousquetaires des cinq doigts de la main
tournant la manivelle d'un petit sous-marin
plongeant au fond des mers
pour chercher des oursins
Revenant sur la terre
nous avons rencontré
sur la voie de chemin de fer
une maison qui fuyait
fuyait tout autour de la terre
fuyait tout autour de la mer
fuyait devant l'hiver
qui voulait l'attraper
Mais nous sur notre chemin de fer
on s'est mis à rouler
rouler derrière l'hiver
et on l'a écrasé
et la maison s'est arrêtée
et le printemps nous a salués
C'était lui le garde-barrière
et il nous a bien remerciés
et toutes les fleurs de toute la terre
soudain se sont mises à pousser
pousser à tort et à travers
sur la voie du chemin de fer
qui ne voulait plus avancer
de peur de les abîmer
Alors on est revenu à pied
à pied tout autour de la terre
à pied tout autour de la mer
tout autour du soleil

de la lune et des étoiles
A pied à cheval en voiture et en bateau à voiles.

**Histoires**

Gallimard, N.R.F., collection « Le Point du Jour »

> *Voilà un enfant qui rêve tout éveillé. Et son rêve prend la forme d'un voyage merveilleux où les images se succèdent, souvent sans lien logique entre elles. Quelles sont celles qui vous plaisent le plus ? Pourquoi ? Quel verbe, répété plusieurs fois, sert de « locomotive » à ce voyage aux rythmes variés ? En quoi ce poème, comme beaucoup d'autres de Prévert, peut être comparé à une chanson ? Dire ce poème sur un ton naïf, étonné parfois, admiratif, mais toujours avec simplicité et naturel. Veiller aux changements de rythme.*
>
> *Écouter : Jacques Douai chante pour les enfants (n° 2 - BAM - EX 229). — Les Frères Jacques, Yves Montand (déjà cités). — Germaine Montero (Édition Chant du Monde, L.D.M. 4004. 33 T. 25 cm). — Pour chanter en classe : « 21 chansons et d'autres chansons », (Enoch et Cie Éditeurs de musique, 27, bd des Italiens, 75002-Paris).*

Mais le rêve achevé, le récit terminé, c'est le retour sur terre. Et la dure réalité, qui n'a lâché l'enfant que le temps d'un voyage imaginaire, reprend le dessus. Les vieillards sont là qui montent la garde.


## L'enfance

Oh comme elle est triste l'enfance
La terre s'arrête de tourner
Les oiseaux ne veulent plus chanter
Le soleil refuse de briller
Tout le paysage est figé

La saison des pluies est finie
La saison des pluies recommence

Oh comme elle est triste l'enfance
La saison des pluies est finie
La saison des pluies recommence

Et les vieillards couleur de suie
S'installent avec leurs vieilles balances
Quand la terre s'arrête de tourner
Quand l'herbe refuse de pousser
C'est qu'un vieillard a éternué
Tout ce qui sort de la bouche des vieillards
Ce n'est que mauvaises mouches vieux corbillards

Oh comme elle est triste l'enfance
Nous étouffons dans le brouillard
Dans le brouillard des vieux vieillards

Et quand ils retombent en enfance
C'est sur l'enfance qu'ils retombent
Et comme l'enfance est sans défense
C'est toujours l'enfance qui succombe

Oh comme elle est triste
Triste triste notre enfance
La saison des pluies est finie
La saison des pluies recommence.

**Histoires**

Gallimard, N.R.F., collection « Le Point du Jour »

> *Retrouver les différentes voix de ce poème : celle douce
> et triste qui semble bercer ce texte comme une chanson
> et celle de la révolte qui tout à coup hausse le ton.
> Montrer comment Jacques Prévert prend le contre-pied
> de formules toutes faites et leur donne un sens nouveau,
> afin de défendre l'enfance menacée.*

En 1936, des enfants cherchent à fuir le pénitencier de Belle-Ile-en-Mer. Cette révolte inspire à Prévert un scénario : *L'Ile des enfants perdus* qui ne sera pas tourné. Après la guerre, Jacques Prévert et Marcel Carné reprennent ce projet sous le titre : *La fleur de l'âge* [1] ; mais ce film ne verra jamais le jour. Reste le poème...

## Chasse à l'enfant
*A Marianne Oswald* [2]

Bandit ! Voyou ! Voleur ! Chenapan !

Au-dessus de l'île on voit des oiseaux
Tout autour de l'île il y a de l'eau

Bandit ! Voyou ! Voleur ! Chenapan !

Qu'est-ce que c'est que ces hurlements

Bandit ! Voyou ! Voleur ! Chenapan !

C'est la meute des honnêtes gens
Qui fait la chasse à l'enfant

Il avait dit J'en ai assez de la maison de redressement
Et les gardiens à coups de clefs lui avaient brisé les dents
Et puis ils l'avaient laissé étendu sur le ciment

Bandit ! Voyou ! Voleur ! Chenapan !

Maintenant il s'est sauvé
Et comme une bête traquée
Il galope dans la nuit
Et tous galopent après lui

Les gendarmes les touristes les rentiers les artistes

Bandit ! Voyou ! Voleur ! Chenapan !

C'est la meute des honnêtes gens
Qui fait la chasse à l'enfant

---

1. Extraits du scénario dans *Image et Son*, nº 189, déc. 1965.
2. L'une des toutes premières artistes à avoir chanté Jacques Prévert.

Pour chasser l'enfant pas besoin de permis
Tous les braves gens s'y sont mis
Qu'est-ce qui nage dans la nuit
Quels sont ces éclairs ces bruits
C'est un enfant qui s'enfuit
On tire sur lui à coups de fusil

Bandit ! Voyou ! Voleur ! Chenapan !

Tous ces messieurs sur le rivage
Sont bredouilles et verts de rage

Bandit ! Voyou ! Voleur ! Chenapan !

Rejoindras-tu le continent rejoindras-tu le continent

Au-dessus de l'île on voit des oiseaux
Tout autour de l'île il y a de l'eau.

**Paroles**

Gallimard, N.R.F., collection « Le Point du Jour »

> *Quel effet ressort de la construction du texte ? Quels sont, tout au long du poème, les termes qui évoquent la chasse ? Que symbolisent ces oiseaux qu'on voit « au-dessus de l'île » et « l'eau tout autour de l'île » ? Situer géographiquement Belle-Ile-en-Mer et Quiberon.*
> *Pour dire : — à plusieurs voix la meute des honnêtes gens et leurs insultes « Bandit ! Voyou ! Voleur ! Chenapan ! » — un narrateur qui conte l'histoire, — une autre voix (comme figée) qui plante le décor (2e et 3e vers - deux derniers vers).*
> *Écouter : « Les Frères Jacques chantent Prévert » (déjà cité).*

———————

Et voilà encore « un brave homme » qui poursuit un gamin qui lui a volé son vélo. Un de ces drames dérisoires qui font la une de certains quotidiens parisiens et de province. Après avoir lu le poème, on en appréciera mieux le titre fait d'un jeu de mots cruel, où Prévert redonne à l'expression populaire son sens propre.

## Petite tête sans cervelle

C'est un vélo volé et secoué par le vent
un enfant est dessus qui pédale en pleurant
un brave homme derrière lui le poursuit en hurlant
Et le garde-barrière agite son drapeau
l'enfant passe quand même
le train passe sur lui
et le brave homme arrive en reprenant son souffle
contemplant sa ferraille
n'en croyant pas ses yeux
Les deux roues sont tordues
le guidon est faussé
le cadre fracassé
le lampion en charpie
et la bougie en miette
Et ma médaille de Saint-Christophe
où est-elle passée
vraiment il n'y a plus d'enfants
on ne sait plus à quel saint se vouer
on ne sait plus que dire
on ne sait plus que penser
on ne sait plus comment tout ça va finir
on ne sait plus où en est
vraiment

Quelle bande de ons
dit le garde-barrière en pleurant.

### La pluie et le beau temps

Gallimard, N.R.F., collection « Le Point du Jour »

> *Quel rapport Prévert établit-il entre le propriétaire du vélo et sa machine ? Ce « brave homme » tire la morale de cette aventure. Comment s'exprime-t-il ? Connaissez-vous d'autres formules de ce genre qu'utilisent « les honnêtes gens », en pareilles circonstances ? Citez-les. Comment le dernier jeu de mots de Prévert (deux derniers vers) exprime-t-il le jugement sévère du garde-barrière ? Dire, en distinguant le récit du drame, ses conséquences, les commentaires du propriétaire du vélo (à plusieurs voix), celui du garde-barrière.*

De la morale résignée du garde-barrière, à la mise en garde des « enfants exigeants », il y a la brusque prise de conscience des enfants qui mettent leurs parents en face de leurs responsabilités.

## Les enfants exigeants

Pères
regardez-vous à gauche
regardez-vous à droite
Pères
regardez-vous dans la glace
et regardez-nous en face

**Choses et autres**
Gallimard, N.R.F., collection « Le Point du Jour »

———————————

Mais les pères n'ont pas toujours le temps de s'occuper de leurs enfants.

## Messieurs du Tout-Paris...

A Paris
ces messieurs du Tout-Paris parlent d'or
ces messieurs parlent finances
ces messieurs parlent chiffres
ces messieurs parlent d'art
ces messieurs parlent d'abondance
ces messieurs parlent métaphysique voitures et politique
ces messieurs parlent haut
et puis pour parler femmes ces messieurs parlent argot
Ces messieurs hauts de forme et bas de plafond
ces messieurs parlent raison
Leurs dames parlent pointu haute musique haute cuisine
haute couture hauts chiffons

Dans les rues de Paris
l'enfant parle grand nègre et petit patapon

l'enfant parle soleil
l'enfant parle merveilles
l'enfant parle silence
l'enfant parle vacarme
l'enfant parle misère
l'enfant parle terreur
l'enfant parle beauté malice douleurs caprices
l'enfant parle amour
l'enfant parle bonheur
l'enfant parle désirs
l'enfant parle faim soif et sommeil
l'enfant parle délire et affaires de famille
l'enfant parle funèbre et larmes de crocodile
l'enfant parle chien savant perroquet érudit chinois de
          paravent
l'enfant parle scandale hôpital carnaval conflagration
          mondiale
l'enfant parle déchirant parle déconcertant
l'enfant parle mystère choquant et déplaisant
l'enfant parle incongru
à son corps défendu

Dans les rues de Paris
l'enfant parle travesti
et nu

Dans les rues de Paris
l'enfant parle moineau
parle crottin de cheval tétanos et vélo
l'enfant parle diable
l'enfant parle odieux
l'enfant
parle rêve et parle vrai parle bien
et parle mal parle fer parle feu

Dans les rues de Paris
l'enfant parle image et magie
et
dans les images innées de son langage imaginaire
l'enfant découvre le monde
et le monde n'est pas fier

Et quand c'est le grand monde
le grand monde le fait taire.

**Le Grand bal du Printemps**
La Guilde du Livre

> *Comment le texte distingue-t-il les occupations des*
> *« messieurs du Tout-Paris » et celles de l'enfant ? Par*
> *quelles associations d'idées, dans certains vers, passe-*
> *t-on d'un mot à un autre ? Jacques Prévert complète le*
> *verbe « parler » avec des noms, des adverbes, des*
> *adjectifs. Faites « parler » ainsi, à votre tour votre sœur,*
> *votre père ou votre professeur, etc. Dire, à plusieurs*
> *voix, en faisant « parler » le plus grand nombre d'élèves.*
> *Varier le ton, en suivant l'intention du poète, pour*
> *éviter la monotonie de la diction due au caractère répé-*
> *titif de la formule employée.*

On a beau lui dire de se taire, lui fermer la porte du monde au nez,
l'enfant s'en moque, car il est bien au-delà, dans un monde, pour
une fois, bien à lui.

## Et ce qu'il voit est si beau...

Et ce qu'il voit est si beau
et ce qu'il sait est si vrai
que bien peu peuvent le voir
que bien peu peuvent le savoir
et que beaucoup l'ont oublié

Et la vitre n'est même pas fêlée
elle est simplement brisée

Mais sous les cheveux mal rangés
et que le vent caresse
avec tant de tendresse et de délicatesse
devant cette absence de vitre
devant cet appel d'air
devant cette promesse de liberté

sur le cliché du malheur
déjà
traditionnellement et métaphoriquement
le nez de l'enfant
est écrasé

## Le Grand bal du Printemps
La Guilde du Livre


*Dire, du fond de soi-même, avec tendresse et retenue.*

---

C'est également avec tendresse — celle que Prévert éprouve pour
ces « exilés des vacances » — qu'il faut lire le poème qui suit,
dont les deux derniers vers rappellent irrésistiblement cet appel
de Rimbaud : « Nature, berce-le chaudement, il a froid[1] », en
faveur d'un soldat mort, étendu dans l'herbe.


## Exilé des vacances...

Exilé des vacances
dans sa zone perdue
il découvre la mer
que jamais il n'a vue
la caravane vers l'ouest
la caravane vers l'est et vers la Croix du Sud
                et vers l'Étoile du Nord
ont laissé là pour lui
de vieux wagons couverts de rêves et de poussière

Voyageur clandestin enfantin ébloui
il a poussé la porte du Palais des Mirages
et dans les décombres familiers de son paysage
                d'ombres inhospitalières
il poursuit en souriant son prodigieux voyage
et traverse en chantant un grand désert ardent

---

1. Extrait du *Dormeur du Val.*

28

Algues du terrain vague
caressez-le doucement.

## Le Grand bal du Printemps

La Guilde du Livre

> *Comment cet « exilé des vacances » se fabrique-t-il sa
> propre évasion ? Quel « prodigieux voyage », selon vous,
> poursuit-il ? Est-il amer de se trouver parmi ceux qui ne
> partent jamais en vacances ? Pourquoi des majuscules à
> « La Croix du Sud » et « l'Étoile du Nord » ? Qu'évoquent
> pour vous ces deux noms ?*

---

Le recours au rêve, au voyage imaginaire, pour échapper à la
sévère réalité quotidienne, fût-elle celle des vacances, est naturellement employé par l'enfant. Mais quand celui-ci grandit,
l'oubli peut venir de l'amour partagé. Ainsi dans cette chanson
écrite pour le film *Les Portes de la Nuit*, et mise en musique par
Joseph Kosma.

## Les enfants qui s'aiment

Les enfants qui s'aiment s'embrassent debout
Contre les portes de la nuit
Et les passants qui passent les désignent du doigt
Mais les enfants qui s'aiment
Ne sont là pour personne
Et c'est seulement leur ombre
Qui tremble dans la nuit
Excitant la rage des passants
Leur rage leur mépris leurs rires et leur envie
Les enfants qui s'aiment ne sont là pour personne
Ils sont ailleurs bien plus loin que la nuit
Bien plus haut que le jour
Dans l'éblouissante clarté de leur premier amour.

## Spectacle

Gallimard, N.R.F., collection « Le Point du Jour »

*Comparer cette chanson avec celle de Georges Brassens :
Les amoureux des bancs publics [1] : thèmes, personnages,
expression, musique. Dire avec simplicité, tendresse et
émotion. Bien détacher : « leur rage, leur mépris, leurs
rires et leur envie ».*

*Écouter : « Yves Montand chante Prévert » (déjà
cité) — Germaine Montero, « Chansons de Jacques
Prévert » (déjà cité).*

---

1. *Georges Brassens*, Seghers, collection « les Poètes d'aujourd'hui » n° 99 et
Philips, Brassens n° 2, 76062, 33 T.

# L'amour des hommes

Prévert aime les enfants et les hommes, et davantage encore les hommes et les femmes qui s'aiment. Il a pour eux une tendresse familière et leur amour augmente le sien. Comme le note Andrée Bergens :

> De tout temps, l'amour a constitué la préoccupation majeure de l'humanité parce qu'il représente la plus grande forme de bonheur qu'offre la vie. Dans son œuvre, Prévert lui accorde une large place. Mais il ne s'intéresse qu'à l'amour physique, la source de joies naturelles et simples dont il parle avec simplicité. S'il admire et respecte l'amour — il n'en fait pas un prétexte à gauloiseries — en revanche, il ne s'attendrit pas devant l'aspect fleur bleue de certaines situations...

Mais Prévert est particulièrement sensible à l'amitié, un sentiment finalement proche de l'amour et qu'il cultive avec naturel. Que ce soit au sein du groupe surréaliste ou plus tard au Groupe Octobre, Jacques Prévert a toujours été entouré d'amis, ravis de l'entendre parler, et à qui il donnait volontiers un poème. Citer les noms de tous ses amis tiendrait de la gageure, ainsi que le constate André Pozner[1] : « J'ai quelques noms de ceux qu'il aime : Boris Vian, Henri Michaux, Picasso, Breton, Éluard, en me disant que plus importants peut-être étaient mille autres inconnus ».

---

1. Jacques Prévert et André Pozner, *Hebdromadaires*, Guy Authier Éditeur, 1972.

## Cet amour

Cet amour
Si violent
Si fragile
Si tendre
Si désespéré
Cet amour
Beau comme le jour
Et mauvais comme le temps
Quand le temps est mauvais
Cet amour si vrai
Cet amour si beau
Si heureux
Si joyeux
Et si dérisoire
Tremblant de peur comme un enfant dans le noir
Et si sûr de lui
Comme un homme tranquille au milieu de la nuit
Cet amour qui faisait peur aux autres
Qui les faisait parler
Qui les faisait blêmir
Cet amour guetté
Parce que nous les guettions
Traqué blessé piétiné achevé nié oublié
Parce que nous l'avons traqué blessé piétiné achevé nié
        oublié
Cet amour tout entier
Si vivant encore
Et tout ensoleillé
C'est le tien
C'est le mien
Celui qui a été
Cette chose toujours nouvelle
Et qui n'a pas changé
Aussi vraie qu'une plante
Aussi tremblante qu'un oiseau
Aussi chaude aussi vivante que l'été
Nous pouvons tous les deux
Aller et revenir
Nous pouvons oublier

Et puis nous rendormir
Nous réveiller souffrir vieillir
Nous endormir encore
Rêver à la mort
Nous éveiller sourire et rire
Et rajeunir
Notre amour reste là
Têtu comme une bourrique
Vivant comme le désir
Cruel comme la mémoire
Bête comme les regrets
Tendre comme le souvenir
Froid comme le marbre
Beau comme le jour
Fragile comme un enfant
Il nous regarde en souriant
Et il nous parle sans rien dire
Et moi je l'écoute en tremblant
Et je crie
Je crie pour toi
Je crie pour moi
Je te supplie
Pour toi pour moi et pour tous ceux qui s'aiment
Et qui se sont aimés
Oui je lui crie
Pour toi pour moi et pour tous les autres
Que je ne connais pas
Reste là
Là où tu es
Là où tu étais autrefois
Reste là
Ne bouge pas
Ne t'en va pas
Nous qui sommes aimés
Nous t'avons oublié
Toi ne nous oublie pas
Nous n'avions que toi sur la terre
Ne nous laisse pas devenir froids
Beaucoup plus loin toujours
Et n'importe où
Donne-nous signe de vie
Beaucoup plus tard au coin d'un bois

33

Dans la forêt de la mémoire
Surgis soudain
Tends-nous la main
Et sauve-nous.

## Paroles

Gallimard, N.R.F., collection « Le Point du Jour »

*Quelle est la caractéristique principale, la tonalité de ce poème ? En quoi ce poème, qui est d'abord le « chant d'amour » d'un homme, devient-il celui de tous les hommes ? Retrouver la « respiration » de ce poème : noms et verbes sur lesquels le poète s'appuie pour développer son chant d'amour (en tenir compte pour la diction).*

*Écouter : « Cet amour » par Cora Vaucaire (Éditions Chant du monde, L.D.M. 4004, 33 T. 25 cm).*

---

## Sables mouvants

Démons et merveilles
Vents et marées
Au loin déjà la mer s'est retirée
Et toi
Comme une algue doucement caressée par le vent
Dans les sables du lit tu remues en rêvant
Démons et merveilles
Vents et marées
Au loin déjà la mer s'est retirée
Mais dans tes yeux entrouverts
Deux petites vagues sont restées
Démons et merveilles
Vents et marées
Deux petites vagues pour me noyer.

## Paroles

Gallimard, N.R.F., collection « Le Point du Jour »

*Écouter : « Démons et merveilles » par Michèle Arnaud (Édition Le Chant du monde, L.D.M. 4004, 33 T. 25 cm).*

Ne cherchez pas *Les feuilles mortes* dans un recueil de poèmes de Prévert. Il ne figure dans aucun. Il s'agit bien là d'une chanson, comme l'explique Yves Montand[1] : « C'est pour le film *Les Portes de la nuit* que j'ai créé *Les feuilles mortes* qui ont été un bide[2] pendant trois ans... Mais c'est grâce à ce film que j'ai eu la chance de rencontrer les frères Prévert et Marcel Carné. Et *Les feuilles mortes* m'ont permis de faire le tour du monde par la suite. »

## Les feuilles mortes

Oh ! Je voudrais tant que tu te souviennes
Des jours heureux où nous étions amis
En ce temps-là la vie était plus belle
Et le soleil plus brûlant qu'aujourd'hui
Les feuilles mortes se ramassent à la pelle
Tu vois je n'ai pas oublié...
Les feuilles mortes se ramassent à la pelle
Les souvenirs et les regrets aussi
Et le vent du Nord les emporte
Dans la nuit froide de l'oubli
Tu vois je n'ai pas oublié
La chanson que tu me chantais.

C'est une chanson
Qui nous ressemble
Toi tu m'aimais
Et je t'aimais
Nous vivions
Tous les deux ensemble
Toi qui m'aimais
Moi qui t'aimais

Mais la vie sépare ceux qui s'aiment
Tout doucement sans faire de bruit
Et la mer efface sur le sable
Les pas des amants désunis.

---

1. *Télérama*, Janvier 1974.
2. Un échec.

Les feuilles mortes se ramassent à la pelle
Les souvenirs et les regrets aussi
Mais mon amour silencieux et fidèle
Sourit toujours et remercie la vie
Je t'aimais tant tu étais si jolie
Comment veux-tu que je t'oublie
En ce temps-là la vie était plus belle
Et le soleil plus brûlant qu'aujourd'hui
Tu étais ma plus douce amie...
Mais je n'ai que faire des regrets
Et la chanson que tu chantais
Toujours je l'entendrai !

*Écouter : « Les feuilles mortes » par Jacques Douai (disques BAM, LD 5821) — Montand chante Prévert (déjà cité) — Chansons de Jacques Prévert : « Les feuilles mortes » par Cora Caucaire (déjà cité).*

————————

Comme on vient de le voir avec *Les feuilles mortes* : « L'amour n'est pas que source de joie et, trop souvent, il cause bien des souffrances, les plus cruelles peut-être, même si elles ne sont pas spectaculaires et ne s'expriment pas bruyamment comme dans le petit drame qui suit » (A. Bergens).

## Déjeuner du matin

Il a mis le café
Dans la tasse
Il a mis le lait
Dans la tasse de café
Il a mis le sucre
Dans le café au lait
Avec la petite cuiller
Il a tourné
Il a bu le café au lait

Et il a reposé la tasse
Sans me parler
Il a allumé
Une cigarette
Il a fait des ronds
Avec la fumée
Il a mis les cendres
Dans le cendrier
Sans me parler
Sans me regarder
Il s'est levé
Il a mis
Son chapeau sur sa tête
Il a mis
Son manteau de pluie
Parce qu'il pleuvait
Et il est parti
Sous la pluie
Sans une parole
Sans me regarder
Et moi j'ai pris
Ma tête dans ma main
Et j'ai pleuré.

**Paroles**

Gallimard, N.R.F., collection « Le Point du jour »

> *Comment la construction du poème met-elle en valeur l'espèce d'obsession douloureuse ressentie par la personne qui rapporte cette scène? Dire, sans faire sentir d'arrêt, même aux vers 11, 19 et 28 où il convient de reprendre haleine.*

───────────

Boris Vian, ingénieur des arts et manufactures, trompettiste de jazz, chanteur de cabaret mais surtout écrivain : *L'automne à Pékin* (1947), *J'irai cracher sur vos tombes* (1947), *L'écume des jours*, (1947), *L'arrache-cœur* (1953), est une des plus curieuses figures de la littérature d'après-guerre. Jacques Prévert et Boris Vian se sont connus rue du Château, à l'époque du groupe surréaliste. Ils ont en commun, entre autres passions partagées, l'amour de la vie.

## Boris Vian

*A Ursula*

I

Sa date de naissance
sa date de décès
ce fut langage chiffré
Il connaissait la musique
il savait la mécanique
les mathématiques
toutes les techniques
et les autres avec
On disait de lui qu'il n'en faisait qu'à sa tête
on avait beau dire
il en faisait surtout à son cœur
Et son cœur lui en fit voir de toutes les couleurs
son cœur révélateur
Il savait trop vivre
il riait trop vrai
il vivait trop fort
son cœur l'a battu
Alors il s'est tu
Et il a quitté son amour
il a quitté ses amis
mais ne leur pas pas faussé compagnie.

II

Boris jouait à la vie
comme d'autres à la Bourse
aux gendarmes et aux voleurs
Mais pas en tricheur
en seigneur
comme la souris avec le chat
dans l'écume des jours
les lueurs du bonheur
comme il jouait de la trompette
ou du crève-cœur
Et il était beau joueur
sans cesse il remettait sa mort
au lendemain
Condamné par contumace

il savait bien qu'un jour
elle retrouverait sa trace
Boris jouait à la vie
et avait des bontés pour elle
Il l'aimait
comme il aimait l'amour
en vrai déserteur du malheur.

**Fatras**

Gallimard, N.R.F., collection « Le Point du Jour »

*On appréciera d'autant plus la subtilité du poème qu'on connaîtra la vie et l'œuvre de Boris Vian. On peut inviter les élèves à faire cette découverte en consultant les ouvrages suivants : Jean Rousselot, Dictionnaire de la poésie française contemporaine, Larousse. — Vernillat-Charpentreau, Dictionnaire de la chanson française, Larousse. — F. Renaudot, Il était une fois Boris Vian, Seghers.*

**« Des bêtes d'une élégance fabuleuse
circulaient »** (Arthur Rimbaud)
Collage de Prévert pour *Fatras,* Gallimard, 1966
Phot. André Bonin

# La peine des hommes

Prévert a su très tôt ce que sont les souffrances des hommes. Chez ses parents, dans la rue, à l'usine, il rencontre la misère et ne s'y résigne pas. Au contraire, ses poèmes sont des témoignages implacables d'un monde du travail, dur aux faibles et que peu de poètes ont approché comme lui. C'est avec violence qu'il dénonce les injustices sociales qui pèsent sur ces « étranges étrangers », sur « ces ramasseurs de neige », sur « ces cireurs de souliers », sur « ces sardinières », sur ceux qui ont soif et faim, en bref, sur toute une catégorie de gens exploités. Jacques Prévert devient même le porte-parole de ce peuple de va-nu-pieds, comme le note Michel Cournot[1] :

> Il parlait pour les fauchés, non pas à leur intention, mais à leur place. Les ouvriers ont besoin de lire, c'est une affaire entendue, mais ils ont avant tout besoin de s'exprimer. Jacques Prévert est le premier qui prit lui-même la parole pour « ceux qui ne savent pas ce qu'il faut dire », pour les enfants enfermés parce qu'ils n'ont rien volé, pour les nègres sous-alimentés parce qu'ils n'ont tué personne, pour tous ceux qui, jour après jour, perdent leur vie pour la gagner. Il avait la voix à la hauteur des pauvres, et c'est haut.

Prévert parle haut et clair. Ainsi en est-il dans *La tentative de description d'un diner de têtes à Paris-France*, dont on trouvera la dernière partie à la page suivante. Après avoir dénoncé, avec avec virulence, les responsables des inégalités sociales, Jacques Prévert énumère la longue liste de leurs victimes.

---

1. *Le Nouvel Observateur*, n° 61, janvier 1966.

## La tentative de description
## d'un dîner de têtes à Paris-France

Le soleil brille pour tout le monde, il ne brille pas
dans les prisons, il ne brille pas pour ceux qui travaillent
dans la mine,
ceux qui écaillent le poisson
ceux qui mangent la mauvaise viande
ceux qui fabriquent les épingles à cheveux
ceux qui soufflent vides les bouteilles que d'autres boi-
            ront pleines
ceux qui coupent le pain avec leur couteau
ceux qui passent leurs vacances dans les usines
ceux qui ne savent pas ce qu'il faut dire
ceux qui traient les vaches et ne boivent pas le lait
ceux qu'on n'endort pas chez le dentiste
ceux qui crachent leurs poumons dans le métro
ceux qui fabriquent dans les caves les stylos avec les-
            quels d'autres écriront en plein air que tout va
            pour le mieux
ceux qui en ont trop à dire pour pouvoir le dire
ceux qui ont du travail
ceux qui n'en ont pas
ceux qui en cherchent
ceux qui n'en cherchent pas
ceux qui donnent à boire aux chevaux
ceux qui regardent leur chien mourir
ceux qui ont le pain quotidien relativement hebdoma-
            daire
ceux qui l'hiver se chauffent dans les églises
ceux que le suisse envoie se chauffer dehors
ceux qui croupissent
ceux qui voudraient manger pour vivre
ceux qui voyagent sous les roues
ceux qui regardent la Seine couler
ceux qu'on engage, qu'on remercie, qu'on augmente,
qu'on diminue, qu'on manipule, qu'on fouille,
qu'on assomme
ceux dont on prend les empreintes
ceux qu'on fait sortir des rangs au hasard et qu'on
            fusille

ceux qu'on fait défiler devant l'Arc
ceux qui ne savent pas se tenir dans le monde entier
ceux qui n'ont jamais vu la mer
ceux qui sentent le lin parce qu'ils travaillent le lin
ceux qui n'ont pas l'eau courante
ceux qui sont voués au bleu horizon
ceux qui jettent le sel sur la neige moyennant un salaire
       absolument dérisoire
ceux qui vieillissent plus vite que les autres
ceux qui ne se sont pas baissés pour ramasser l'épingle
ceux qui crèvent d'ennui le dimanche après-midi
       parce qu'ils voient venir le lundi
       et le mardi, et le mercredi, et le jeudi, et le
       vendredi et le samedi
       et le dimanche après-midi.

**Paroles**

Gallimard, N.R.F., collection « Le Point du Jour »

> *Lire ce texte, à plusieurs voix, les unes s'additionnant aux autres, comme autant de coups de marteau.*

---

« Ceux qui ont le pain quotidien relativement hebdomadaire » se retrouvent dans cet autre poème [1].

## La grasse matinée

Il est terrible
le petit bruit de l'œuf dur cassé sur un comptoir d'étain
il est terrible ce bruit
quand il remue dans la mémoire de l'homme qui a faim
elle est terrible aussi la tête de l'homme
la tête de l'homme qui a faim
quand il se regarde à six heures du matin

---

1. A rapprocher de la chanson de Georges Brassens : *Celui qui a mal tourné* (Philips n° 5 - N 76074 R, 33 T.)

dans la glace du grand magasin
une tête couleur de poussière
ce n'est pas sa tête pourtant qu'il regarde
dans la vitrine de chez Potin
il s'en fout de sa tête l'homme
il n'y pense pas
il songe
il imagine une autre tête
une tête de veau par exemple
avec une sauce de vinaigre
ou une tête de n'importe quoi qui se mange
et il remue doucement la mâchoire
doucement
et il grince des dents doucement
car le monde se paye sa tête
et il ne peut rien contre ce monde
et il compte sur ses doigts un deux trois
un deux trois
cela fait trois jours qu'il n'a pas mangé
et il a beau se répéter depuis trois jours
Ça ne peut pas durer
ça dure
trois jours
trois nuits
sans manger
et derrière ces vitres
ces pâtés ces bouteilles ces conserves
poissons morts protégés par les boîtes
boîtes protégées par les vitres
vitres protégées par les flics
flics protégés par la crainte
que de barricades pour six malheureuses sardines...
Un peu plus loin le bistro
café-crème et croissants chauds
l'homme titube
et dans l'intérieur de sa tête
un brouillard de mots
un brouillard de mots
sardines à manger
œuf dur café-crème
café arrosé rhum
café-crème

44

café-crème
café-crime arrosé sang !...
Un homme très estimé dans son quartier
a été égorgé en plein jour
l'assassin le vagabond lui a volé
deux francs
soit un café arrosé
zéro franc soixante-dix
deux tartines beurrées
et vingt-cinq centimes pour le pourboire du garçon.
Il est terrible
le petit bruit de l'œuf dur cassé sur un comptoir d'étain
il est terrible ce bruit
quand il remue dans la mémoire de l'homme qui a faim.

**Paroles**

Éditions du Point du Jour, collection « Le calligraphe »

*Retrouver les mots-clés de ce poème, qui par association d'idées, ou jeux de mots, font « dériver » la pensée du vagabond obsédé par l'idée de manger. Dire, en mettant en valeur les mots-clés. Écouter le poème dit par J.-M. Tennberg (ODÉON OSX 209-210 M, 33 T.).*

———————

La misère, banale comme un fait-divers (cf. « La grasse matinée »), est pour d'autres la promesse d'une condition inéluctable.

## Chanson des sardinières

Tournez tournez
petites filles
tournez autour des fabriques
bientôt vous serez dedans
tournez tournez
filles des pêcheurs
filles des paysans

Les fées qui sont venues
autour de vos berceaux

les fées étaient payées
par les gens du château
elles vous ont dit l'avenir
et il n'était pas beau

Vous vivrez malheureuses
et vous aurez beaucoup d'enfants
beaucoup d'enfants
qui vivront malheureux
et qui auront beaucoup d'enfants
qui vivront malheureux
et qui auront beaucoup d'enfants
beaucoup d'enfants
qui vivront malheureux
et qui auront beaucoup d'enfants
beaucoup d'enfants
beaucoup d'enfants...

Tournez tournez
petites filles
tournez autour des fabriques
bientôt vous serez dedans
tournez tournez
filles des pêcheurs
filles des paysans.

### Spectacle

Gallimard, N.R.F., collection « Le Point du Jour »

*Cette « Chanson des Sardinières » est à la fois une « ronde de la misère » et un conte de fées à l'envers : étudiez les procédés stylistiques (présentation du poème, temps et modes des verbes, enchaînement des vers, répétitions). Dire, en accentuant les répétitions (1re, 3e et 4e strophes).*

---

Encore une chanson triste : celle des ramasseurs de neige, obligés de travailler pendant que les autres s'amusent. Cependant, ici, le ton du poète est léger, presque désinvolte.

## Noël des ramasseurs de neige
(Quand elle tombe à Noël)

Nos cheminées sont vides
nos poches retournées
ohé ohé ohé
nos cheminées sont vides
nos souliers sont percés
ohé ohé ohé
et nos enfants livides
dansent devant nos buffets
ohé ohé ohé

Et pourtant c'est Noël
Noël qu'il faut fêter
fêtons fêtons Noël
ça se fait chaque année
ohé la vie est belle
ohé joyeux Noël
Mais v'là la neige qui tombe
qui tombe de tout en haut
elle va se faire mal
en tombant de si haut
ohé ohéého

Pauvre neige nouvelle
courons courons vers elle
courons avec nos pelles
courons la ramasser
puisque c'est notre métier
ohé ohé ohé

Jolie neige nouvelle
toi qu'arrives du ciel
dis-nous dis nous la belle
ohé ohé ohé
quand est-ce qu'à Noël
tomberont de là-haut
des dindes de Noël

avec leurs dindonneaux
ohé ohéého !

## La pluie et le beau temps

Gallimard, N.R.F., collection « Le Point du Jour »

*Le sort des ramasseurs de neige est peu enviable : montrer qu'ils n'en conservent pas moins un certain humour. Relever les diverses tournures populaires utilisées par les ramasseurs de neige. Que signifie l'expression : « dansent devant nos buffets » ? Montrer en quoi ce poème est une véritable chanson. Dire ce poème avec entrain, mais non sans une tristesse un peu voilée. Peut être également chanté (musique de Jean Wiener, Enoch Éditeur).*

———

Ces « ramasseurs de neige » sont bien souvent des travailleurs étrangers qui effectuent des travaux dont ne veut pas la main-d'œuvre française. Jacques Prévert, qui en rencontre souvent à Paris ou en banlieue les salue fraternellement. André Pozner dans *Hebdromadaires* (p. 135-136) rapporte cette confidence de Prévert : « — Une fois, dit-il, il m'est arrivé une histoire très jolie. Un type, dans la rue, un Noir, vêtu relativement bien, m'interpelle. Il me dit : « Je voudrais vous offrir un verre. » Je ne sais pas pourquoi, j'accepte. Ça me semblait étrange et naturel à la fois. Lui, parlait un peu le français, moi, à peine l'anglais. On arrivait à se débrouiller. Et dans notre langage, je lui demande d'où il était, de quel pays d'Afrique, puis on discute d'un tas de trucs. Ensuite, pour passer le temps, comme les gens qui boivent un coup, je lui dis : « Qu'est-ce que vous faites, si ce n'est pas indiscret ? » Il me fait : « Oh moi ! » en agitant la main comme ça. Après, au moment de se quitter, je lui demande : « Je voudrais bien savoir pourquoi vous m'avez offert un verre. » Il me répond : « Oh, c'est pas compliqué. J'étais derrière vous dans la rue, tout à l'heure, et il y avait un balayeur noir. Vous aviez une petite boîte de cigares, vous lui en avez offert et même, vous lui avez offert du feu. C'est pour ça que je vous ai invité à boire le coup. » Puis nous nous sommes quittés, sans rien dire d'autre. »

## Étranges étrangers

Étranges étrangers

Kabyles de la Chapelle et des quais de Javel
hommes des pays loin
cobayes des colonies
doux petits musiciens
soleils adolescents de la porte d'Italie
Boumians de la porte de Saint-Ouen
Apatrides d'Aubervilliers
brûleurs des grandes ordures de la ville de Paris
ébouillanteurs des bêtes trouvées mortes sur pied
au beau milieu des rues
Tunisiens de Grenelle
embauchés débauchés
manœuvres désœuvrés
Polacks du Marais du Temple des Rosiers
cordonniers de Cordoue soutiers de Barcelone
pêcheurs des Baléares ou du cap Finisterre
rescapés de Franco
et déportés de France et de Navarre
pour avoir défendu en souvenir de la vôtre
la liberté des autres

Esclaves noirs de Fréjus
tiraillés et parqués
au bord d'une petite mer
où peu vous vous baignez
Esclaves noirs de Fréjus
qui évoquez chaque soir
dans les locaux disciplinaires
avec une vieille boîte à cigares
et quelques bouts de fil de fer
tous les échos de vos villages
tous les oiseaux de vos forêts
et ne venez dans la capitale
que pour fêter au pas cadencé
la prise de la Bastille le quatorze juillet

Enfants du Sénégal
dépatriés expatriés et naturalisés

Enfants indochinois
jongleurs aux innocents couteaux
qui vendiez autrefois aux terrasses des cafés
de jolis dragons d'or faits de papier plié
Enfants trop tôt grandis et si vite en allés
qui dormez aujourd'hui de retour au pays
le visage dans la terre
et des bombes incendiaires labourant vos rizières

On vous a renvoyé
la monnaie de vos papiers dorés
on vous a retourné
vos petits couteaux dans le dos

Étranges étrangers

vous êtes de la ville
vous êtes de sa vie
même si mal en vivez
même si vous en mourez

**La pluie et le beau temps**

Gallimard, N.R.F., collection « Le Point du Jour »

> *Retrouver sur le plan de Paris les différents lieux cités
> (vers 1 à 15). Pourquoi y trouve-t-on de nombreux
> étrangers ? D'après le poème, indiquer les circonstances
> qui ont amené ces étrangers en France. Rechercher la
> place du premier verbe principal. Qu'en concluez-vous
> sur la façon de dire le poème ?*

## Chanson des cireurs de souliers

Aujourd'hui l'homme blanc
Ne s'étonne plus de rien
Et quand il jette à l'enfant noir
Au gentil cireur de Broadway [1]

---

1. En 1938, Prévert a séjourné plusieurs mois aux États-Unis.

Une misérable pièce de monnaie
Il ne prend pas la peine de voir
Les reflets du soleil miroitant à ses pieds
Et comme il va se perdre
Dans la foule de Broadway
Ses pas indifférents emportent la lumière
Que l'enfant noir a prise au piège
En véritable homme du métier
La fugitive petite lumière
Que l'enfant noir aux dents de neige
A doucement apprivoisée
Avec une vieille brosse
Avec un vieux chiffon
Avec un grand sourire
Avec une petite chanson
La chanson qui raconte l'histoire
L'histoire de Tom le grand homme noir
L'empereur des cireurs de souliers
Dans le ciel tout noir de Harlem
L'échoppe de Tom est dressée
Tout ce qui brille dans le quartier noir
C'est lui qui le fait briller
Avec ses grandes brosses
Avec ses vieux chiffons
Avec son grand sourire
Et avec ses chansons
C'est lui qui passe au blanc d'argent
Les vieilles espadrilles de la lune
C'est lui qui fait reluire
Les souliers vernis de la nuit
Et qui dépose devant chaque porte
Au Grand Hôtel du Petit Jour
Les chaussures neuves du matin
Et c'est lui qui astique les cuivres
De tous les orchestres de Harlem
C'est lui qui chante la joie de vivre
La joie de faire l'amour et la joie de danser
Et puis la joie d'être ivre
Et la joie de chanter
Mais la chanson du Noir
L'homme blanc n'y entend rien
Et tout ce qu'il entend

C'est le bruit dans sa main
Le misérable bruit d'une pièce de monnaie
Qui saute sans rien dire
Qui saute sans briller
Tristement sur un pied.

### Histoires

Gallimard, N.R.F., collection « Le Point du Jour »

*Comparer la condition de ces « cireurs de souliers » à celle de leurs frères déracinés (cf. « Étranges étrangers »). En quoi est-elle, malgré tout, plus enviable ? Qu'est-ce qui fait leur joie de vivre ?*
   *Écouter : « Yves Montant chante Prévert » (déjà cité).*

---

## Suivez le guide suivez le guide

Autrefois dans le temps
l'arbre du bois où fut taillé ce banc
était l'un des piliers d'une lointaine forêt

Maintenant
ce banc sert de socle à l'un des très simples monuments
élevés quotidiennement et très temporairement
sur nos plus belles avenues et nos plus grands boulevards
Élevés par le labeur à ses vieux serviteurs
à l'ombre même des plus grands Bâtiments
élevés eux-mêmes par leurs modestes travailleurs

Et vous qui profitez des moindres occasions
pour écouter les moindres battements
de votre grand cœur touristique

Jetez un coup d'œil en passant
sur cette statue de plâtre de sable de ciment
et de chaux hydraulique
Cette statue de chair et d'os
et de charpente usée
et d'heures supplémentaires et d'air raréfié

et d'ampoules aux mains et de sangs retournés
et d'éclats de silex sous les paupières fermées

Mais faites vite gentlemen
ladies and messieurs dames
pour les instantanés
Cet intéressant monument n'est que momentanément et
      fortuitement dressé

Et bientôt au Musée du Kremlin Bicêtre
à l'asile des vieillards
où sa place est déjà prête
cette statue sera invalidée hospitalisée et entourée
      de mille soins bien mérités

Parfois et surtout le dimanche
un peu de vin
sans oublier quelques nombreuses cigarettes
dans le courant de chaque semaine.

### Le Grand bal du Printemps
La Guilde du Livre

> *Quelle forme de « discours » Jacques Prévert a-t-il
> choisie ici pour souligner la détresse des vieux travail-
> leurs ? N'y a-t-il pas, en même temps, une satire du
> «parfait touriste » ? Dire en mêlant tendresse et moquerie.*

**Retour de la Pêche**
Collage de Prévert pour *Fatras*, Gallimard, 1966
Phot. André Bonin

# Prévert et son temps

De Prévert, on pourrait dire qu'il est un enfant du siècle. Il est né avec lui, il a fait ses premiers pas en même temps qu'apparaissait le cinéma. Trop jeune pour participer à la guerre de 1914, il a cependant connu la période trouble qui a suivi la première guerre mondiale. Il a vécu — et de près — l'époque du Front populaire, puis subi les années sombres de l'occupation (Jacques Prévert, réformé en 1939, rejoint ses amis à Tourette-sur-Loup, puis à Saint-Paul-de-Vence). Depuis la fin de la guerre, il est présent partout : radio, cinéma, théâtre, télévision et témoigne sur tout : guerres coloniales, grèves, faim dans le monde, pollution, misère des pays d'Amérique latine. Jacques Prévert est donc de plain-pied dans son siècle et branché sur le monde entier. D'autre part, Jacques Prévert lit la presse avec attention et il a écrit de nombreux poèmes à partir de faits réels relatés dans les journaux. Il continue d'ailleurs à découper des articles qu'il classe soigneusement avant de les utiliser éventuellement. Prévert est encore de son temps, par les citations qu'il fait dans ses poèmes, d'hommes politiques, d'hommes d'affaires ou d'artistes de notre époque. Ses productions sont datées, mais aussi localisées géographiquement : Aubervilliers ou Broadway, le Vietnam ou le Mexique, Cagnes-sur-Mer ou Saint-Jeannet.

Poète du XXe siècle est-ce à dire que Prévert n'est qu'un chansonnier de l'actualité ? Certainement pas. S'il cite des noms de journalistes, d'écrivains, de prêtres, de gros bourgeois, c'est pour mieux dénoncer les responsables. S'il précise des noms de villes, de pays, de quartiers, c'est pour crier, avec plus de force, la réalité des faits, des souffrances, des injustices. Mais sa poésie demeure universelle, par ses thèmes, intemporelle, par son humour. Celui-ci permet au poète de prendre ses distances avec l'événement. On l'a déjà dit, Prévert ne se prend pas au sérieux et ses poèmes ne sont pas des messages. Il réagit à l'événement et clame son indignation, sa peine ou sa colère. Ses sympathies vont à ceux qui sont oppressés et exploités. Sa poésie exprime les aspirations d'une classe, mais il reste, par tempérament, détaché de toute action politique. Ainsi que le note Andrée Bergens « Prévert est un idéaliste qui a besoin de rêver la société ». Les poèmes qui suivent sont donc à prendre comme des témoignages, chargés de présent, mais aussi de futur. A prendre comme ils viennent, comme ils saignent, mais avec le sourire au coin des lèvres.

——————

Voici d'abord une leçon d'histoire faite, une fois n'est pas coutume, aux historiens eux-mêmes.

## Par le temps qui court

Il faudrait trouver l'historien
le sociologue le philosophe le pédagogue le métaphy-
            sicien qui aurait
logiquement
simplement
scientifiquement
économiquement
vu
prédit
entrevu
ou aperçu

HISTORIQUEMENT

En 1750 ce qui se passerait en 1780
En 1780 ce qui se passerait en 1793
En 1793 ce qui se passerait en 1815
En 1815 ce qui se passerait en 1830
En 1830 ce qui se passerait en 1848
En 1848 ce qui se passerait en 1870
En 1870 ce qui se passerait en 1871
En 1871 ce qui se passerait en 1900
En 1900 ce qui se passerait en 1914
En 1914 ce qui se passerait en 1918

En 1918 ce qui se passerait en 1936
En 1936 ce qui se passerait en 1940
En 1940 ce qui se passerait en 1944
En 1944 ce qui se passerait en 1950
En 1951 ce qui se passera en 1970 et 11

Et ceci simplement concernant une des régions où beaucoup parmi nous vivent actuellement.

**Spectacle**

Gallimard, N.R.F., collection « Le Point du Jour »

> *Rechercher, dans l'histoire de France, à quels événements correspondent les dates indiquées par Jacques Prévert. Dire, en détachant chacun des termes (jusqu'à « historiquement »), puis chacune des dates. Conserver un ton neutre pour les deux derniers vers.*

---

Si l'histoire est difficile à prévoir, si le temps est difficile à rattraper, par contre il est plus facile de régler son sort au « beau monde ». Jacques Prévert en donne ici la recette.

## Pour rire en société

Le dompteur a mis sa tête
dans la gueule du lion
moi
j'ai mis seulement deux doigts
dans le gosier du Beau Monde
Et il n'a pas eu le temps
de me mordre
Tout simplement
il a vomi en hurlant
un peu de cette bile d'or
à laquelle il tient tant
Pour réussir ce tour
utile et amusant
Se laver les doigts

soigneusement
dans une pinte de bon sang

Chacun son cirque.

## Spectacle
Gallimard, N.R.F., collection « Le Point du Jour »

*Apprécier le jeu de mots fourni par le titre de ce poème.*
*Dire ce texte d'un ton détaché et amusé.*

———————

Le « beau monde », celui des affaires et des gros sous, ne trouve pas
grâce aux yeux de Prévert. Les philosophes sont dans le même cas.
Ils sont pourfendus par le poète, avec la même persévérance.

## Fleurs et couronnes

Homme
Tu as regardé la plus triste la plus morne de toutes
        les fleurs de la terre
Et comme aux autres fleurs tu lui as donné un nom
Tu l'as appelée Pensée.
Pensée
C'était comme on dit bien observé
Bien pensé
Et ces sales fleurs qui ne vivent ni ne se fanent jamais
Tu les as appelées immortelles...
C'était bien fait pour elles...
Mais le lilas tu l'as appelé lilas
Lilas c'était tout à fait ça
Lilas... Lilas...
Aux marguerites tu as donné un nom de femme
Ou bien aux femmes tu as donné un nom de fleur
C'est pareil.
L'essentiel c'était que ce soit joli
Que ça fasse plaisir...
Enfin tu as donné les noms simples à toutes les fleurs
        simples

58

Et la plus grande la plus belle
Celle qui pousse toute droite sur le fumier de la misère
Celle qui se dresse à côté des vieux ressorts rouillés
A côté des vieux chiens mouillés
A côté des vieux matelas éventrés
A côté des baraques de planches où vivent les sous-
        alimentés
Cette fleur tellement vivante
Toute jaune toute brillante
Celle que les savants appellent Hélianthe
Toi tu l'as appelée soleil
...Soleil...
Hélas ! hélas ! hélas et beaucoup de fois hélas !
Qui regarde le soleil hein ?
Qui regarde le soleil ?
Personne ne regarde plus le soleil
Les hommes sont devenus ce qu'ils sont devenus
Des hommes intelligents...
Une fleur cancéreuse tubéreuse et méticuleuse à leur
        boutonnière
Ils se promènent en regardant par terre
Et ils pensent au ciel
Ils pensent... Ils pensent... ils n'arrêtent pas de penser...
Ils ne peuvent plus aimer les véritables fleurs vivantes
Ils aiment les fleurs fanées les fleurs séchées
Les immortelles et les pensées
Et ils marchent dans la boue des souvenirs dans la boue
        des regrets...
Ils se traînent
A grand-peine
Dans les marécages du passé
Et ils traînent... ils traînent leurs chaînes
Et ils traînent les pieds au pas cadencé...
Ils avancent à grand-peine
Enlisés dans leurs champs-élysées
Et ils chantent à tue-tête la chanson mortuaire
Oui ils chantent
A tue-tête
Mais tout ce qui est mort dans leur tête
Pour rien au monde ils ne voudraient l'enlever
Parce que
Dans leur tête

Pousse la fleur sacrée
La sale maigre petite fleur
La fleur malade
La fleur aigre
La fleur toujours fanée
La fleur personnelle...
... La pensée... [1]

**Paroles**

Gallimard, N.R.F., collection « Le Point du Jour »

> *Que reproche Jacques Prévert aux « éternels penseurs » ?*
> *Qu'ont-ils oublié ? A la pensée abstraite, aux spécula-*
> *tions intellectuelles, qu'oppose Jacques Prévert ? Dites*
> *ce qu'évoque pour vous la fleur que vous préférez*
> *(violette, coquelicot, marguerite, primevère, giroflée,*
> *glycine, œillet, rose, etc.) en imitant, si vous le pouvez,*
> *le ton de Prévert.*

———————

Le poète se méfie des intellectuels desséchés, parce qu'ils ont oublié les vérités premières : celles de la nature, celles de la pluie et du beau temps ; cette expression faisant le titre d'un recueil de Prévert, d'où sont extraits les deux poèmes suivants.

## Le temps haletant

Émerveillée de tout ne s'étonnant jamais de rien
une fillette chantait
suivant les saisons suivant son chemin

Quand les oignons me feront rire
les carottes me feront pleurer
l'âne de l'alphabet a su m'apprendre à lire
à lire pour de vrai

———————

1. Poème enregistré sur disque par Jacques Sereys, sociétaire de la Comédie Française (Hachette, *L'Encyclopédie sonore*, 116 bis, avenue des Champs-Élysées, 75008-Paris).

Mais une manivelle a défait le printemps
et des morceaux de glace lui ont sauté à la figure

J'ai trop de larmes pour pleurer
ils font la guerre à la nature
Moi qui tutoyais le soleil
je n'ose plus le regarder en face.

**La pluie et le beau temps**
Gallimard, N.R.F., collection « Le Point du Jour »

*« Ils font la guerre à la nature ». Qui sont ces « ils » dont parle l'auteur ? Quels sentiments éprouve la fillette à l'idée qu' « ils font la guerre à la nature » ? Dire les sept premiers vers d'une manière naturelle et gaie. Marquer le changement de ton à partir du huitième vers et jusqu'à la fin.*

------

## Tant de forêts...

Tant de forêts arrachées à la terre
et massacrées
achevées
rotativées
Tant de forêts sacrifiées pour la pâte à papier
des milliards de journaux attirant annuellement l'atten-
      tion des lecteurs sur les dangers du déboise-
      ment des bois et des forêts.

**La pluie et le beau temps**
Gallimard, N.R.F., collection « Le Point du Jour »

*En quoi ici « la guerre à la nature » est-elle encore plus absurde ? Expliquer « rotativées ».*

## Le retour à la mer

Usinées
tamisées
usées
rapiécées
égouttées
dégoûtées
les eaux se jettent à l'eau.

### Choses et autres

Gallimard, N.R.F., collection « Le Point du Jour »

*Expliquer « usinées ». Montrer comment Jacques Prévert met ici en valeur une autre situation absurde, due à la pollution de la nature.*

---

Cet état de fait révolte Jacques Prévert, amoureux de la nature, des plantes et des fleurs, des animaux et des arbres, bref de tout ce qui vit. Aussi nous presse-t-il, dans un raccourci saisissant, de vivre, de profiter de la vie et de ses merveilles, car le retour à la terre nous guette.

> Mangez sur l'herbe
> Dépêchez-vous
> Un jour ou l'autre
> l'herbe mangera sur vous *(Fatras)*

Prévert est bien de son temps lorsqu'il écrit :

> Le temps
> mène la vie dure
> à ceux qui veulent le tuer *(Fatras)*

Certains tuent le temps, d'autres le trompent en feuilletant quelque dictionnaire, à la recherche de leur identité.

## Quelqu'un

Un homme sort de chez lui
C'est très tôt le matin

C'est un homme qui est triste
Cela se voit à sa figure
Soudain dans une boîte à ordures
Il voit un vieux Bottin Mondain
Quand on est triste on passe le temps
Et l'homme prend le Bottin
Le secoue un peu et le feuillette machinalement
Les choses sont comme elles sont
Cet homme si triste est triste parce qu'il s'appelle
        Ducon
Et il feuillette
Et continue à feuilleter
Et il s'arrête
A la page des D
Et il regarde à la colonne des D-U du...
Et son regard d'homme triste devient plus gai plus clair
Personne
Vraiment personne ne porte le même nom
Je suis le seul Ducon
Dit-il entre ses dents
Et il jette le livre s'époussette les mains
Et poursuit fièrement son petit bonhomme de chemin [1].

## Histoires

Le Pré aux Clercs

*Comment Jacques Prévert montre-t-il la vanité de la gloire, de la richesse ou de la renommée ? Quelle « morale » réconfortante peut-on tirer de cette petite fantaisie ? Dire d'une manière triste et machinale (de 1 à 17), puis montrer la joie de l'anonyme (quelqu'un) retrouvant son identité (vers 18 à la fin).*

Il n'est pas possible d'oublier que Prévert est né à Neuilly, tout près de ce Paris qu'il aime, où il habita longtemps, qu'il a parcouru en tout sens, flâneur infatigable.

1. Poème chanté par Yves Montand (déjà cité).

## Paris est tout petit

Paris est tout petit
c'est là sa vraie grandeur
Tout le monde s'y rencontre
Les montagnes aussi
Même un beau jour l'une d'elles
accoucha d'une souris

Alors en son honneur
les jardiniers tracèrent
Le Parc Montsouris

C'est là sa vraie grandeur
Paris est tout petit

**Le Grand bal du Printemps**
La Guilde du Livre

*Dire avec tendresse, comme un conte de fées.*

# Prévert et la guerre

Les poèmes les plus véhéments de Prévert sont sans doute ceux qu'il a écrits pour dénoncer la guerre. Le poète n'hésite pas alors à employer l'insulte pour désigner les responsables « Vous déboisez, imbéciles » ou des termes grossiers « Quelle connerie la guerre ! » pour en souligner l'inutilité et la stupidité. Il ne manque pas non plus une occasion d'en rappeler les tragiques conséquences sur les peuples qui la subissent, sur les enfants qui en meurent... Il prend également à parti ceux qui s'en accommodent, par intérêt ou par habitude, ou tout simplement par indifférence (cf. *Familiale*). Le ton est violent, à la hauteur de l'aversion profonde que ressent l'auteur pour ce mal universel. Mais la protestation et l'indignation ne suffisent pas à Prévert, même si la dénonciation se fait plus intransigeante, quand il s'agit de justice militaire (cf. *Sur le champ*). Pour le poète, il faut aller plus loin. Et c'est le refus qu'il oppose à la guerre : refus de porter les armes, refus de faire la guerre, refus de tuer. Prévert est sensible à l'événement immédiat, à ce qui touche chacun d'entre nous. Dénoncer les tortures, les bombes incendiaires, les fusillades vingt ans après, est chose facile et peut donner bonne conscience. Ce n'est pas le cas de Prévert qui réagit sans délai et vivement chaque fois que l'événement appelle le poème : guerre d'Éthiopie, *(Le temps des noyaux)*, seconde guerre mondiale *(Barbara)*, guerre d'Indochine *(Entendez-vous gens du Vietnam)* etc. Là encore, il a fallu choisir et les poèmes à venir nous semblent témoigner de l'attitude constamment réfractaire de Prévert face à la guerre, avec parfois aussi un brin d'insolence comme dans *Quartier Libre*. Mais l'insolence n'est-elle pas aussi une forme d'humour ?

## La guerre

Vous déboisez
imbéciles
vous déboisez
Tous les jeunes arbres avec la vieille hache
vous les enlevez
Vous déboisez
imbéciles
vous déboisez
Et les vieux arbres avec leurs vieilles racines
leurs vieux dentiers
vous les gardez
Et vous accrochez une pancarte
Arbres du bien et du mal
Arbres de la Victoire
Arbres de la Liberté
Et la forêt déserte pue le vieux bois crevé
et les oiseaux s'en vont
et vous restez là à chanter
Vous restez là
imbéciles
à chanter et à défiler.

### Spectacle

Gallimard, N.R.F., collection « Le Point du Jour »

*A qui s'attaque ici le poète ? Pourquoi ? A quoi ces gens sont-ils comparés ? Quels sont les termes qui, dans la suite du poème, confirment cette comparaison ? Que met en relief la répétition de : « Vous déboisez imbéciles » ? Jacques Prévert s'en prend non seulement à la guerre, mais à l'après-guerre : montrez-le.*

---

*Barbara* est le plus connu de tous les poèmes que Jacques Prévert a écrits sur la guerre. C'est aussi un beau poème d'amour. Dans *Hebdromadaires*, Jacques Prévert, sollicité par André Pozner s'est expliqué sur les circonstances de la création de ce poème : « Je l'avais écrit pendant la dernière guerre. Bien sûr, cela concernait Brest, une ville que j'aime, mais cela concernait aussi bien la

destruction de Rotterdam, de Berlin ou de Dresde. On m'a beaucoup reproché, en haut lieu de gauche ou de droite, d'avoir dit :
« Quelle connerie » avant même que la guerre soit finie. Il paraît
qu'il y a un temps pour tout... »

## Barbara

Rappelle-toi Barbara
Il pleuvait sans cesse sur Brest ce jour-là
Et tu marchais souriante
Épanouie ravie ruisselante
Sous la pluie
Rappelle-toi Barbara
Il pleuvait sans cesse sur Brest
Et je t'ai croisée rue de Siam
Tu souriais
Et moi je souriais de même
Rappelle-toi Barbara
Toi que je ne connaissais pas
Toi qui ne me connaissais pas
Rappelle-toi
Rappelle-toi quand même ce jour-là
N'oublie pas
Un homme sous un porche s'abritait
Et il a crié ton nom
Barbara
Et tu as couru vers lui sous la pluie
Ruisselante ravie épanouie
Et tu t'es jetée dans ses bras
Rappelle-toi cela Barbara
Et ne m'en veux pas si je te tutoie
je dis tu à tous ceux que j'aime
Même si je ne les ai vus qu'une seule fois
Je dis tu à tous ceux qui s'aiment
Même si je ne les connais pas
Rappelle-toi Barbara
N'oublie pas
Cette pluie sage et heureuse
Sur ton visage heureux
Sur cette ville heureuse

Cette pluie sur la mer
Sur l'arsenal
Sur le bateau d'Ouessant
Oh Barbara
Quelle connerie la guerre
Qu'es-tu devenue maintenant
Sous cette pluie de fer
De feu d'acier de sang
Et celui qui te serrait dans ses bras
Amoureusement
Est-il mort disparu ou bien encore vivant
Oh Barbara
Il pleut sans cesse sur Brest
Comme il pleuvait avant
Mais ce n'est plus pareil et tout est abîmé
C'est une pluie de deuil terrible et désolée
Ce n'est même plus l'orage
De fer d'acier de sang
Tout simplement des nuages
Qui crèvent comme des chiens
Des chiens qui disparaissent
Au fil de l'eau sur Brest
Et vont pourrir au loin
Au loin très loin de Brest
Dont il ne reste rien.

## Paroles

Gallimard, N.R.F., collection «Le Point du Jour»

*Ce poème, mis en musique par J. Kosma, se présente comme une rengaine populaire. Retrouvez-en la simplicité : dans l'usage du vocabulaire, des répétitions, des refrains. Cette simplicité n'est pourtant qu'apparente et la poésie y est savante par le recours de variations diverses, permutations, raccourcis, jeux de sonorités et de rimes que vous vous efforcerez de retrouver. Comment l'auteur dénonce-t-il ici l'absurdité de la guerre ? (Comparez avec le poème d'Arthur Rimbaud : Le dormeur du Val). Montrez l'opposition entre la nostalgie d'un passé heureux et le présent sans espoir. Quel sentiment s'exprime fortement dans ce poème ?*

*Écouter : « Les Frères Jacques chantent Prévert » (déjà cité). — « Yves Montand chante Jacques Prévert »*

*(déjà cité)*. — *Écouter également « A la conserverie »,
chanson de Serge Kerval, né à Brest (SFP 14.015, 33 T.).*

---

## Familiale

La mère fait du tricot
Le fils fait la guerre
Elle trouve ça tout naturel la mère
Et le père qu'est-ce qu'il fait le père ?
Il fait des affaires
Sa femme fait du tricot
Son fils la guerre
Lui des affaires
Il trouve ça tout naturel le père
Et le fils et le fils ·
Qu'est-ce qu'il trouve le fils ?
Il ne trouve rien absolument rien le fils
Le fils sa mère fait du tricot son père des affaires lui la
        guerre
Quand il aura fini la guerre
Il fera des affaires avec son père
La guerre continue la mère continue elle tricote
Le père continue il fait des affaires
Le fils est tué il ne continue plus
Le père et la mère vont au cimetière
Ils trouvent ça naturel le père et la mère
La vie continue la vie avec le tricot la guerre les affaires
Les affaires la guerre le tricot la guerre
Les affaires les affaires et les affaires
La vie avec le cimetière.

### Paroles

Gallimard, N.R.F., collection «Le Point du Jour »

> *La force de l'habitude, la mécanique du geste, l'auto-
> matisme de la vie sont puissamment évoqués ici par
> le poète : quelle en est la conséquence pour le père et
> la mère pris dans cette sorte d'engrenage ? Dire à
> plusieurs voix (celles du père, de la mère, du fils),*

*machinalement, sans effet (jusqu'au vers 21). Puis mêler les voix, pour mettre en relief l'enchevêtrement inéluctable des « occupations » (jusqu'à la fin).*

---

Étranges parents, que ceux-là qui, par indifférence, laissent leurs enfants « aller au casse-pipe » et mourir. Mais que penser aussi de ceux qui font régner l'ordre militaire ? Dans le poème suivant, Prévert souffle aux soldats, non sans dérision, une solution.

## Sur le champ

Somnambule en plein midi
je traverse le champ de manœuvres
où les hommes apprennent à mourir
Empêtré dans les draps du rêve
je titube comme un homme ivre
Tiens un revenant dit le commandant
Non
un réfractaire seulement
dit le capitaine
En temps de guerre son affaire est claire
dit le lieutenant
d'autant plus qu'il n'est pas vêtu correctement
Pour un réfractaire
un costume de planches
c'est l'habit réglementaire
dit le commandant
Une grande planche dessus
une grande planche dessous
une plus petite du côté des pieds
une plus petite du côté de la tête
tout simplement

Excusez-moi
je ne faisais que passer
je dormais quand le clairon a sonné
Et il fait si beau dans mon rêve
que depuis le début de la guerre
je fais jour et nuit la grasse matinée

Le commandant dit
Donnez-lui un cheval une hache un canon un lance-
        flammes un cure-dent un tournevis
Mais qu'il fasse son devoir sur le champ
Je n'ai jamais su faire mon devoir
je n'ai jamais su apprendre une leçon
Mais donnez-moi un cheval
je le mènerai à l'abreuvoir
Donnez-moi aussi un canon
je le boirai avec les amis
Donnez-moi...
et puis je ne vous demande rien
je ne suis pas réglementaire
le casse-pipe n'est pas mon affaire

Moi je n'ai qu'une petite pipe
une petite pipe en terre
en terre réfractaire
et j'y tiens
Laissez-moi poursuivre mon chemin
en la fumant
soir et matin
Je ne suis pas réglementaire
Sur le sentier de votre guerre
je fume
mon petit calumet[1] de paix
Inutile de vous mettre en colère
je ne vous demande pas de cendrier.

**Spectacle**

Gallimard, N.R.F., collection «Le Point du Jour»

> *Qu'est-ce que Prévert oppose à la force armée, à
> l'obligation du devoir? Relever les jeux de mots que
> vous préférez. Dire à plusieurs voix : celle, rêveuse, du
> soldat somnanbule, celles, impératives, des différents
> militaires. Lire les Sentiers de la gloire de Humphrey
> Cobb (Seghers).*

---

1. Grande pipe à long tuyau dont se servaient les Indiens de l'Amérique du Nord
pour célébrer les événements importants ponctuant la vie des tribus.

Le refus de partir, Jacques Prévert l'avait déjà exprimé dans un poème essentiel intitulé *Le temps des noyaux*, écrit en 1936, au moment de la conquête de l'Éthiopie par l'Italie. Il fut publié à cette même époque par « Les poètes de Soutes » avec quatre autres poèmes contre la guerre.

## Le temps des noyaux

Soyez prévenus vieillards
soyez prévenus chefs de famille
le temps où vous donniez vos fils à la patrie
comme on donne du pain aux pigeons
ce temps-là ne reviendra plus
prenez-en votre parti
c'est fini
le temps des cerises ne reviendra plus
et le temps des noyaux non plus
inutile de gémir
allez plutôt dormir
vous tombez de sommeil
votre suaire est fraîchement repassé
le marchand de sable va passer
préparez vos mentonnières
fermez vos paupières
Le marchand de gadoue va vous emporter
c'est fini les trois mousquetaires
voici le temps des égoutiers

Lorsque avec un bon sourire dans le métropolitain
poliment vous nous demandiez
deux points ouvrez les guillemets
descendez-vous à la prochaine
jeune homme
c'est de la guerre dont vous parliez
mais vous ne nous ferez plus le coup du père Français
non mon capitaine
non monsieur un tel
non papa
non maman
nous ne descendrons pas à la prochaine

ou nous vous descendrons avant
on vous foutra par la portière
c'est plus pratique que le cimetière
c'est plus gai
plus vite fait
c'est moins cher

Quand vous tiriez à la courte paille
c'était toujours le mousse qu'on bouffait
mais le temps des joyeux naufrages est passé
lorsque les amiraux tomberont à la mer
ne comptez pas sur nous pour leur jeter la bouée
à moins qu'elle ne soit en pierre
ou en fer à repasser
il faut en prendre votre parti
le temps des vieux vieillards est fini

Lorsque vous reveniez de la revue
avec vos enfants sur vos épaules
vous étiez saouls sans avoir rien bu
et votre moelle épinière
faisait la folle et la fière
devant la caserne de la Pépinière
vous travailliez de la crinière
quand passaient les beaux cuirassiers
et la musique militaire
vous chatouillait de la tête aux pieds
vous chatouillait
et les enfants que vous portiez sur vos épaules
vous les avez laissés glisser dans la boue tricolore
dans la glaise des morts
et vos épaules se sont voûtées
il faut bien que jeunesse se passe
vous l'avez laissée trépasser

Hommes honorables et très estimés
dans votre quartier
vous vous rencontrez
vous vous congratulez
vous vous coagulez
hélas hélas chez Monsieur Babylas

j'avais trois fils et je les ai donnés
à la patrie
hélas hélas cher Monsieur de mes deux
moi je n'en ai donné que deux
on fait ce qu'on peut
ce que c'est que de nous...
avez-vous toujours mal aux genoux
et la larme à l'œil
la fausse morve de deuil
le crêpe au chapeau
les pieds bien au chaud
les couronnes mortuaires
et l'ail dans le gigot
vous souvenez-vous de l'avant-guerre
les cuillères à absinthe les omnibus à chevaux
les épingles à cheveux
les retraites aux flambeaux
ah que c'était beau
c'était le bon temps
Bouclez-la vieillards
cessez de remuer votre langue morte
entre vos dents de faux ivoire
le temps des omnibus à chevaux
le temps des épingles à cheveux
ce temps-là ne reviendra plus
à droite par quatre
rassemblez vos vieux os
le panier à salade
le corbillard des riches est avancé
fils de saint Louis montez au ciel
la séance est terminée
tout ce joli monde se retrouvera là-haut
près du bon dieu des flics
dans la cour du grand dépôt

En arrière grand-père
en arrière père et mère
en arrière grands-pères
en arrière vieux militaires
en arrière les vieux aumôniers
en arrière les vieilles aumônières
la séance est terminée

maintenant pour les enfants
le spectacle va commencer.

## Paroles

Gallimard, N.R.F., collection « Le Point du Jour »

> *Quels sont tous les fauteurs de guerre que Prévert
> dénonce dans ce poème ? Que leur promet-il ? Comment
> est marqué son refus de prendre à nouveau les armes
> et d'écouter leurs « sirènes » ? Relevez plusieurs vers
> marquant particulièrement le ton violent de la leçon
> tirée par le poète.*

─────────────

Comme *Le temps des noyaux*, *Quartier libre* faisait partie de
l'édition clandestine, tirée à 200 exemplaires en 1943, à la ronéo
de la sous-préfecture de Reims, par les élèves d'Emmanuel
Peillet, professeur de philosophie et ancien rédacteur en chef
d'*Essais et Combats*.

## Quartier libre

J'ai mis mon képi dans la cage
et je suis sorti avec l'oiseau sur la tête
Alors
on ne salue plus
a demandé le commandant
Non
on ne salue plus
a répondu l'oiseau
Ah bon
excusez-moi je croyais qu'on saluait
a dit le commandant
Vous êtes tout excusé tout le monde peut se tromper
a dit l'oiseau.

## Le Grand bal du Printemps

La Guilde du Livre

**Le Dernier Homme sur la Terre**
Collage de Prévert pour *Fatras*, Gallimard, 1966
Phot. André Bonin

# L'oiseau / les fables

J'ai appris très tard à aimer les oiseaux
je le regrette un peu
mais maintenant tout est arrangé
on s'est compris
ils ne s'occupent pas de moi
je ne m'occupe pas d'eux
je les regarde
je les laisse faire

C'est ainsi que Jacques Prévert commence dans *Paroles* un poème intitulé *Au hasard des oiseaux*. En dépit de cette attention tardive que le poète a manifestée pour les oiseaux, son premier recueil contient une vingtaine de poèmes où ils sont présents. Ainsi qu'on l'a déjà vu dans *Chasse à l'enfant*, ces oiseaux peuvent êtres symboles de liberté ou bien encore de rêve et d'imagination, comme dans *Page d'écriture*. A ces poèmes déjà évoqués, nous avons choisi d'ajouter *Pour faire le portrait d'un oiseau*, dans lequel Arnaud Laster voit la définition d'un véritable art poétique, et *Le gardien de phare aime trop les oiseaux* où l'on trouve justement trace de l'amour du poète pour les oiseaux. Quant à *L'Autruche*, c'est déjà une fable ! Les animaux y ont en effet la parole, comme chez tous les fabulistes. Les choses sont aussi personnifiées, comme le soleil dans *La chanson des escargots qui vont à l'enterrement. La pêche à la baleine, Le chat et l'oiseau* sont deux autres fables que nous avons retenues. Elles mettent en scène des animaux, que l'homme veut tuer ou qui se tuent entre eux, ce qui peine le poète, car Jacques Prévert aime tous les animaux, non seulement l'oiseau pour qui il a une préférence évidente, mais encore la baleine, l'escargot, le chat, la grenouille, la girafe, voire même la mouche... Enfin *La chanson pour les enfants l'hiver* tient de la fable par son côté magique et inattendu. D'autres y trouveraient sans doute quelque trait surréaliste.

Quand on parle de contes ou de fables on pense inévitablement à La Fontaine. Il n'est pas question de développer ici un parallèle entre le fabuliste du XVIIᵉ siècle et Jacques Prévert. Mais l'on peut relever entre eux des analogies, dans la façon qu'ils ont, par exemple, d'exprimer une « morale ». Comme chez La Fontaine, les animaux de Prévert sont porteurs de sagesse, de bon sens (cf. *La pêche à la baleine*). D'autre part, Jacques Prévert ne dédaigne pas, à l'instar de son aîné, résumer sa pensée par un vers-proverbe, à la fin du poème (cf. *Le chat et l'oiseau*). Quant au contenu de cette « morale », c'est une autre histoire...

---

## Pour faire le portrait d'un oiseau

Peindre d'abord une cage
avec une porte ouverte
peindre ensuite
quelque chose de joli
quelque chose de simple
quelque chose de beau
quelque chose d'utile
pour l'oiseau
placer ensuite la toile contre un arbre
dans un jardin
dans un bois
ou dans une forêt
se cacher derrière l'arbre
sans rien dire
sans bouger...
Parfois l'oiseau arrive vite
mais il peut aussi bien mettre de longues années
avant de se décider
Ne pas se décourager
attendre
attendre s'il le faut pendant des années
la vitesse ou la lenteur de l'arrivée de l'oiseau
n'ayant aucun rapport
avec la réussite du tableau

Quand l'oiseau arrive
s'il arrive
observer le plus profond silence
attendre que l'oiseau entre dans la cage
et quand il est entré
fermer doucement la porte avec le pinceau
puis
effacer un à un tous les barreaux
en ayant soin de ne toucher aucune des plumes de l'oi-
    seau
Faire ensuite le portrait de l'arbre
en choisissant la plus belle de ses branches
pour l'oiseau
peindre aussi le vert feuillage et la fraîcheur du vent
la poussière du soleil
et le bruit des bêtes de l'herbe dans la chaleur de l'été
et puis attendre que l'oiseau se décide à chanter
Si l'oiseau ne chante pas
c'est mauvais signe
signe que le tableau est mauvais
mais s'il chante c'est bon signe
signe que vous pouvez signer
Alors vous arrachez tout doucement
une des plumes de l'oiseau
et vous écrivez votre nom dans un coin du tableau.

### Histoires
Le Pré aux Clercs

*Pour Arnaud Laster, ce poème a un sens caché. Pour lui il s'agit d'un art poétique : « L'esprit de l'artiste doit être ouvert à la vie, à la beauté, il doit avoir la patience d'attendre l'inspiration dont il a besoin, la saisir vite quand elle vient, l'exprimer avec des couleurs ou des mots, puis effacer toute trace de l'effort artistique qu'il a dû faire pour donner à son œuvre l'apparence de la vie ou la vie même. Si l'œuvre vit, l'artiste a réussi, il peut signer. » Pouvez-vous retrouver dans ce texte les différents éléments qui justifient cette explication du poème ? Ce poème n'a aucune ponctuation. Il est cependant possible de distinguer les différentes phrases qui le composent. Combien y en a-t-il ? En tenir compte pour la diction.*

# Le gardien du phare aime trop les oiseaux

Des oiseaux par milliers volent vers les feux
par milliers ils tombent par milliers ils se cognent
par milliers aveuglés par milliers assommés
par milliers ils meurent

Le gardien ne peut supporter des choses pareilles
les oiseaux il les aime trop
alors il dit Tant pis je m'en fous !

Et il éteint tout

Au loin un cargo fait naufrage
un cargo venant des îles
un cargo chargé d'oiseaux
des milliers d'oiseaux des îles
des milliers d'oiseaux noyés.

## Histoires
Le Pré aux Clercs

*Comment Prévert met-il en évidence le sort réservé à tous les oiseaux s'approchant du phare ? La décision du gardien du phare est brutale. A quoi le voit-on ? En voulant sauver des milliers d'oiseaux, le gardien de phare provoque la mort de milliers d'autres. Quelle conclusion en tirez-vous ? Dire en tenant compte des répétitions (1ʳᵉ strophe), puis de la décision brutale du gardien. Marquer l'absurdité de la situation (3ᵉ strophe). Écouter les Frères Jacques (déjà cité).*

---

# Contes pour enfants pas sages

## L'Autruche

Lorsque le petit Poucet abandonné dans la forêt sema des cailloux pour retrouver son chemin, il ne se doutait pas qu'une autruche le suivait et dévorait les cailloux un à un.

C'est la vraie histoire, celle-là, c'est comme ça que c'est arrivé...

Le fils Poucet se retourne : plus de cailloux !

Il est définitivement perdu, plus de cailloux, plus de retour ; plus de retour, plus de maison ; plus de maison, plus de papa-maman.

— C'est désolant, se dit-il entre ses dents.

Soudain il entend rire et puis le bruit des cloches et le bruit d'un torrent, des trompettes, un véritable orchestre, un orage de bruits, une musique brutale, étrange mais pas du tout désagréable et tout à fait nouvelle pour lui. Il passe alors la tête à travers le feuillage et voit l'autruche qui danse, qui le regarde, s'arrête de danser et lui dit :

*L'autruche.* — C'est moi qui fais ce bruit, je suis heureuse, j'ai un estomac magnifique, je peux manger n'importe quoi.

Ce matin, j'ai mangé deux cloches avec leur battant, j'ai mangé deux trompettes, trois douzaines de coquetiers, j'ai mangé une salade avec son saladier, et les cailloux blancs que tu semais, eux aussi, je les ai mangés. Monte sur mon dos, je vais très vite, nous allons voyager ensemble.

— Mais, dit le fils Poucet, mon père et ma mère je ne les verrai plus ?

*L'autruche.* — S'ils t'ont abandonné, c'est qu'ils n'ont pas envie de te revoir de sitôt.

*Le fils Poucet.* — Il y a sûrement du vrai dans ce que vous dites, Madame l'Autruche.

*L'autruche.* — Ne m'appelle pas Madame ça me fait mal aux ailes, appelle-moi Autruche tout court.

*Le fils Poucet.* — Oui, Autruche, mais tout de même, ma mère, n'est-ce pas ?

*L'autruche, (en colère).* — N'est-ce pas quoi ? Tu m'agaces à la fin et puis, veux-tu que je te dise, je n'aime pas beaucoup ta mère, à cause de cette manie qu'elle a de mettre toujours des plumes d'autruche sur son chapeau...

*Le fils Poucet.* — Le fait est que ça coûte cher... mais elle fait toujours des dépenses pour éblouir les voisins.

*L'autruche.* — Au lieu d'éblouir les voisins, elle aurait mieux fait de s'occuper de toi ; elle te giflait quelquefois.

*Le fils Poucet*. — Mon père aussi me battait.

*L'autruche*. — Ah ! Monsieur Poucet te battait. C'est inadmissible. Les enfants ne battent pas leurs parents, pourquoi les parents battraient-ils leurs enfants ? D'ailleurs, Monsieur Poucet n'est pas très malin non plus. La première fois qu'il a vu un œuf d'autruche, sais-tu ce qu'il a dit ?

*Le fils Poucet*. — Non.

*L'autruche*. — Eh bien, il a dit : « Ça ferait une belle omelette ! »

*Le fils Poucet, (rêveur)*. — Je me souviens, la première fois qu'il a vu la mer, il a réfléchi quelques secondes et puis il a dit : « Quelle grande cuvette, dommage qu'il n'y ait pas de ponts. »

Tout le monde a ri, mais moi j'avais envie de pleurer, alors ma mère m'a tiré les oreilles et m'a dit : « Tu ne peux pas rire comme les autres quand ton père plaisante ! » Ce n'est pas ma faute, mais je n'aime pas les plaisanteries des grandes personnes...

*L'autruche*. — ... Moi non plus, grimpe sur mon dos, tu ne reverras plus tes parents, mais tu verras du pays.

— Ça va, dit le Petit Poucet, et il grimpe.

Au grand triple galop l'oiseau et l'enfant démarrent et c'est un très gros nuage de poussière.

Sur le pas de leur porte, les paysans hochent la tête et disent : « Encore une de ces sales automobiles ! »

Mais les paysannes entendent l'autruche qui carillonne en galopant : « Vous entendez les cloches, disent-elles en se signant, c'est une église qui se sauve, le diable sûrement court après. »

Et tous de se barricader jusqu'au lendemain matin, mais le lendemain l'autruche et l'enfant sont loin.

## Histoires

Le Pré aux Clercs

*Aimez-vous cette suite donnée au* Petit Poucet *? Pourquoi ? Essayez d'en inventer une autre, avec un autre personnage que l'Autruche. Quelles « vérités » révèle l'Autruche au Petit Poucet ? Qu'en pensez-vous ? Jouer ce conte, en partageant les rôles : le conteur, l'Autruche, le Petit Poucet.*

Voici une bien curieuse histoire, à la fin déroutante, mais où la philosophie de Prévert s'exprime parfaitement.

## La pêche à la baleine

A la pêche à la baleine, à la pêche à la baleine,
Disait le père d'une voix courroucée
A son fils Prosper, sous l'armoire allongé,
A la pêche à la baleine, à la pêche à la baleine,
Tu ne veux pas aller,
Et pourquoi donc ?
Et pourquoi donc que j'irais pêcher une bête
Qui ne m'a rien fait, papa,
Va la pêpé, va la pêcher toi-même,
Puisque ça te plaît,
J'aime mieux rester à la maison avec ma pauvre mère
Et le cousin Gaston.
Alors dans sa baleinière le père tout seul s'en est allé
Sur la mer démontée...
Voilà le père sur la mer,
Voilà le fils à la maison,
Voilà la baleine en colère,
Et voilà le cousin Gaston qui renverse la soupière,
La soupière au bouillon.
La mer était mauvaise,
La soupe était bonne.
Et voilà sur sa chaise Prosper qui se désole :
A la pêche à la baleine, je ne suis pas allé,
Et pourquoi donc que j'y ai pas été ?
Peut-être qu'on l'aurait attrapée,
Alors j'aurais pu en manger.
Mais voilà la porte qui s'ouvre, et ruisselant d'eau
Le père apparaît hors d'haleine,
Tenant la baleine sur son dos.
Il jette l'animal sur la table, une belle baleine aux yeux
         bleus,
Une bête comme on en voit peu,
Et dit d'une voix lamentable :
Dépêchez-vous de la dépecer,
J'ai faim, j'ai soif, je veux manger.
Mais voilà Prosper qui se lève,

Regardant son père dans le blanc des yeux,
Dans le blanc des yeux bleus de son père,
Bleus comme ceux de la baleine aux yeux bleus :
Et pourquoi donc je dépècerais une pauvre bête qui
        m'as rien fait ?
Tant pis, j'abandonne ma part.
Puis il jette le couteau par terre,
Mais la baleine s'en empare, et se précipitant sur le
        père
Elle le transperce de père en part.
Ah, ah, dit le cousin Gaston,
On me rappelle la chasse, la chasse aux papillons.
Et voilà
Voilà Prosper qui prépare les faire-part,
La mère qui prend le deuil de son pauvre mari
Et la baleine, la larme à l'œil contemplant le foyer
        détruit.
Soudain elle s'écrie :
Et pourquoi donc j'ai tué ce pauvre imbécile,
Maintenant les autres vont me pourchasser en moto-
        godille
Et puis ils vont exterminer toute ma petite famille.
Alors, éclatant d'un rire inquiétant,
Elle se dirige vers la porte et dit
A la veuve en passant :
Madame, si quelqu'un vient me demander,
Soyez aimable et répondez :
La baleine est sortie,
Asseyez-vous,
Attendez là,
Dans une quinzaine d'années, sans doute elle revien-
        dra...

## Paroles

Gallimard, N.R.F., collection « Le Point du Jour »

*Expliquez « d'une voix courroucée ». Montrez que
Prévert prend position en faveur de la baleine, contre
le pêcheur ? Pourquoi ? Que refuse-t-il ? Relevez et
expliquez les jeux de mots que vous avez préférés. A la
manière de Prévert, essayez de conter une chasse, où
l'animal poursuivi se rebelle et aura finalement le dernier*

*mot. Jouer ce poème en distinguant les rôles du père, de Gaston, de Prosper, de la baleine, de la mère et du narrateur. Écouter ce poème chanté par les Frères Jacques (déjà cité).*

---

## Chanson des escargots qui vont à l'enterrement

A l'enterrement d'une feuille morte
Deux escargots s'en vont
Ils ont la coquille noire
Du crêpe autour des cornes
Ils s'en vont dans le soir
Un très beau soir d'automne
Hélas quand ils arrivent
C'est déjà le printemps
Les feuilles qui étaient mortes
Sont toutes ressuscitées
Et les deux escargots
Sont très désappointés
Mais voilà le soleil
Le soleil qui leur dit
Prenez prenez la peine
La peine de vous asseoir
Prenez un verre de bière
Si le cœur vous en dit
Prenez si ça vous plaît
L'autocar pour Paris
Il partira ce soir
Vous verrez du pays
Mais ne prenez pas le deuil
C'est moi qui vous le dis
Ça noircit le blanc de l'œil
Et puis ça enlaidit
Les histoires de cercueils
C'est triste et pas joli
Reprenez vos couleurs
Les couleurs de la vie
Alors toutes les bêtes
Les arbres et les plantes
Se mettent à chanter

A chanter à tue-tête
La vraie chanson vivante
La chanson de l'été
Et tout le monde de boire
Tout le monde de trinquer
C'est un très joli soir
Un joli soir d'été
Et les deux escargots
S'en retournent chez eux
Ils s'en vont très émus
Ils s'en vont très heureux
Comme ils ont beaucoup bu
Ils titubent un p'tit peu
Mais là-haut dans le ciel
La lune veille sur eux.

**Paroles**

Gallimard, N.R.F., collection « Le Point du Jour »

> *Expliquez : « Et les deux escargots sont très désap-*
> *pointés ». Que symbolisent les escargots qui vont à*
> *l'enterrement ? Prévert s'exprime avec humour dans ce*
> *poème : relevez-en quelques exemples. Écouter ce*
> *poème chanté par les Frères Jacques (déjà cité).*

---

# Le chat et l'oiseau

Un village écoute désolé
Le chant d'un oiseau blessé
C'est le seul oiseau du village
Et c'est le seul chat du village
Qui l'a à moitié dévoré
Et l'oiseau cesse de chanter
Le chat cesse de ronronner
Et de se lécher le museau
Et le village fait à l'oiseau
De merveilleuses funérailles
Et le chat qui est invité
Marche derrière le petit cercueil de paille

Où l'oiseau mort est allongé
Porté par une petite fille
Qui n'arrête pas de pleurer
Si j'avais su que cela te fasse tant de peine
Lui dit le chat
Je l'aurais mangé tout entier
Et puis je t'aurais raconté
Que je l'avais vu s'envoler
S'envoler jusqu'au bout du monde
Là-bas où c'est tellement loin
Que jamais on n'en revient
Tu aurais eu moins de chagrin
Simplement de la tristesse et des regrets

Il ne faut jamais faire les choses à moitié.

**Histoires**
Le Pré aux Clercs

> *Quelle « morale » inattendue le chat tire-t-il de cette histoire ? Qu'en pensez-vous ? Ce poème est visuel. A votre tour essayez de le mettre en images (dessin, peinture, etc). Écouter ce poème, chanté par Yves Montand (déjà cité).*

---

## Chanson pour les enfants l'hiver

Dans la nuit de l'hiver
galope un grand homme blanc
galope un grand homme blanc

C'est un bonhomme de neige
avec une pipe en bois
un grand bonhomme de neige
poursuivi par le froid

Il arrive au village
il arrive au village
voyant de la lumière
le voilà rassuré

Dans une petite maison
il entre sans frapper
Dans une petite maison
il entre sans frapper
et pour se réchauffer
et pour se réchauffer
s'asseoit sur le poêle rouge
et d'un coup disparaît
ne laissant que sa pipe
au milieu d'une flaque d'eau
ne laissant que sa pipe
et puis son vieux chapeau...

## Histoires

Le Pré aux Clercs

*Cette fable utilise plutôt les ressorts du conte. Dites lesquels. C'est néanmoins une chanson; à quoi le voit-on? Jacques Prévert utilise les éléments traditionnels. du bonhomme de neige (lesquels?). Qu'est-ce qui fait alors l'originalité de cette chanson? L'écouter, chantée par les Frères Jacques (déjà cité).*

# Magie des mots

Prévert joue avec les mots constamment et naturellement. Avec l'adresse d'un prestidigitateur. Il n'a nul besoin de se forcer. C'est sa façon d'être. Il aime les mots pour leurs formes, leurs sonorités, leur beauté. Alors il joue avec eux, pour le plaisir. Plaisir de les répéter, de les rapprocher, de les associer, de les emboîter, de les casser. Plaisir d'en inventer de nouveaux. Mots glanés dans la rue, au café. Paroles du peuple. Mots saisis au vol d'une conversation ou soigneusement découpés dans l'étoffe d'un hebdomadaire. Mots inventés, modelés, modulés ou réinventés par le poète. Tous contribuent à l'élaboration de la poésie vivante et déroutante de Prévert. Ils forment un véritable jeu de construction, aux combinaisons infinies, suivant la fantaisie du poète.

Si Jacques Prévert éprouve beaucoup de joie à jouer avec les mots, il ne faut pas croire pour autant qu'il fait « joujou » avec eux. Ses poèmes ne sont pas de simples exercices de style, comme on le verra dans le chapitre suivant. Ainsi Jean Rousselot note : « Chez Prévert, les associations et permutations ne sont point hasardeuses mais élaborées ; le souci constant n'est pas d'être drôle, mais de dénoncer, de démolir, et non seulement la convention sociale, mais la convention mentale, religieuse et culturelle, sur quoi repose la première ».

Les neuf poèmes qui suivent ont été choisis dans cette intention. Plus que d'autres, ils remettent en question le sens du langage, gens et situations étant pris au piège des mots ou des chiffres...

## Dans ma maison

Dans ma maison vous viendrez
D'ailleurs ce n'est pas ma maison
Je ne sais pas à qui elle est
Je suis entré comme ça un jour
Il n'y avait personne
Seulement des piments rouges accrochés au mur blanc
Je suis resté longtemps dans cette maison
Personne n'est venu
Mais tous les jours et tous les jours
Je vous ai attendue

Je ne faisais rien
C'est-à-dire rien de sérieux
Quelquefois le matin
Je poussais des cris d'animaux
Je gueulais comme un âne
De toutes mes forces
Et cela me faisait plaisir
Et puis je jouais avec mes pieds
C'est très intelligent les pieds
Ils vous emmènent très loin
Quand vous voulez aller très loin
Et puis quand vous ne voulez pas sortir
Ils restent là ils vous tiennent compagnie
Et quand il y a de la musique ils dansent
On ne peut pas danser sans eux
Faut être bête comme l'homme l'est si souvent
Pour dire des choses aussi bêtes
Que bête comme ses pieds gai comme un pinson
Le pinson n'est pas gai
Il est seulement gai quand il est gai
Et triste quand il est triste ou ni gai ni triste
Est-ce qu'on sait ce que c'est un pinson
D'ailleurs il ne s'appelle pas réellement comme ça
C'est l'homme qui a appelé cet oiseau comme ça
Pinson pinson pinson pinson
Comme c'est curieux les noms
Martin Hugo Victor de son prénom
Bonaparte Napoléon de son prénom

Pourquoi comme ça et pas comme ça
Un troupeau de bonapartes passe dans le désert
L'empereur s'appelle Dromadaire
Il a un cheval caisse et des tiroirs de course
Au loin galope un homme qui n'a que trois prénoms
Il s'appelle Tim-Tam-Tom et n'a pas de grand nom
Un peu plus loin encore il y a n'importe qui
Beaucoup plus loin encore il y a n'importe quoi
Et puis qu'est-ce que ça peut faire tout ça

Dans ma maison tu viendras
Je pense à autre chose mais je ne pense qu'à ça
Et quand tu seras entrée dans ma maison
Tu enlèveras tous tes vêtements
Et tu resteras immobile nue debout avec ta bouche rouge
Comme les piments rouges pendus sur le mur blanc
Et puis tu te coucheras et je me coucherai près de toi
Voilà
Dans ma maison qui n'est pas ma maison tu viendras.

**Paroles**

Gallimard, N.R.F., collection « Le Point du Jour »

> « Dans ma maison » est aussi un beau poème d'amour.
> Pourquoi le poète passe-t-il du vouvoiement (1<sup>re</sup> stro-
> phe) au tutoiement (2<sup>e</sup> strophe) ? Prévert s'emporte
> contre des formules toutes faites. Lesquelles ? En
> connaissez-vous d'autres que vous pourriez remettre en
> question à votre tour ? Prévert s'interroge aussi sur le
> sens de certains noms, ou de certains autres mots.
> Lesquels ? Qu'en pensez-vous ? Le poète dit : « C'est
> très intelligent les pieds » : à la manière de Prévert,
> faites la même démonstration pour les mains, les
> oreilles, etc. Écouter ce poème, chanté et dit par
> Yves Montand (déjà cité).

Jacques Prévert s'interroge, non plus sur le sens des noms, mais
sur celui des pronoms, à la manière d'une militante du M.L.F. [1] !...
qui n'aurait pas oublié sa logique enfantine.

1. Mouvement de Libération de la Femme.

## Refrains enfantins

*Des petites filles courent dans les couloirs du théâtre, chantant.*

Ouh ouh
ouh ouh
C'est la chanson du loup garou
Où où
quand quand
comment comment
pourquoi pourquoi
Ouh ouh
ouh ouh
C'est la chanson du loup garou
Il pleut Il pleut
Il fait beau
Il fait du soleil
Il est tôt
Il se fait tard
Il
Il
Il
toujours Il
Toujours Il qui pleut et qui neige
Toujours Il qui fait du soleil
Toujours Il
Pourquoi pas Elle
Jamais Elle
Pourtant Elle aussi
souvent se fait belle !

## Spectacle
Gallimard, N.R.F., collection « Le Point du Jour »

> *Qu'est-ce qu'un loup-garou ? Comment passe-t-on de l'appel des petites filles aux interrogations qui suivent ? Que semble reprocher le poète à l'homme ? Quel pouvoir a pourtant la femme ? Dire ce poème à la manière d'une comptine, en distinguant le refrain puis en répétant en écho la suite d'interrogations et d'affirmations (à plusieurs voix).*

La saynète ci-dessous remet en question le sens du langage, qui n'est pas le même pour tous.

## Le beau langage

*Sortie d'un lycée parisien.*
*Deux petits garçons se disputent.*

*L'un d'eux, (s'adressant à l'autre).* — Parfaitement, moi je te le dis, si tu continues, je vais te casser la gueule !
*La mère, (qui venait simplement chercher l'enfant).* — Oh ! *(Elle gifle le petit garçon et l'entraîne, saisie d'une ébouriffante indignation.)* Des mots pareils, dans la bouche d'un enfant, mais c'est à ne pas y croire ! Où as-tu appris... Vraiment, c'est à se demander...

*Un peu plus tard, le père, rentrant de son ministère, avec une grande indifférence questionne la mère.*

*Le père.* — Qu'est-ce qu'il a, le petit ? Il en fait une tête.
*La mère.* — Ce qu'il a, il est puni, et si tu pouvais seulement te douter pourquoi... une telle grossièreté... enfin, bref, je l'ai surpris à dire à un de ses petits camarades...
*Le père, (déjà sévère).* — Qu'a-t-il dit ?
*La mère (à voix basse).* — Il a dit, il a osé dire : je-vais-te-casser-la-gueule !
*Le père.* — Oh ! *(Giflant l'enfant comme déjà l'a giflé la mère.)* Grossier petit individu, je t'apprendrai la politesse, moi !

*L'enfant hurle.*

*Le père.* — Tu vas me faire le plaisir de te taire ! *(Et comme l'enfant ne fait pas assez vite ce plaisir à son père, son père le gifle à nouveau.)* Des mots pareils, d'une telle vulgarité... *(Hochant douloureusement la tête.)* Je vais te casser la gueule...
*L'enfant.* — Me la casse pas, papa !
*Le père.* — Petit imbécile ! Je répétais seulement et

douloureusement ce que tu as osé dire... et puis assez, hein, pour les vacances de Pâques inutile d'en parler et puis enfin tu iras te coucher sans dîner ou plutôt non, tu dîneras avec nous. *(S'adressant à sa femme.)* Ça lui servira de leçon, l'un de mes meilleurs amis vient dîner ce soir, je l'en ai prié, tu sais, le commandant de Bonaloy *(il secoue l'enfant)*, tu entends, quelqu'un de parfaitement bien élevé qui a fait son devoir, quelqu'un de très bien *(secouant l'enfant)*, tu entends, le commandant... *(de plus en plus grave)* c'est une Gueule Cassée !

*Et le père enferme l'enfant dans sa chambre jusqu'à l'heure du repas exemplaire.*
*Et le petit garçon en pénitence s'accoude à la fenêtre du modeste mais cossu entresol familial et jette un pauvre regard sur le mur d'en face où s'étale une engageante affiche de la Loterie nationale.*

L'enfant, *(lisant le texte publicitaire)*. — Ah les veinards, toujours les mêmes ! Toujours les Gueules Cassées qui gagnent !

**La pluie et le beau temps**
Gallimard, N.R.F., collection « Le Point du Jour »

> *Montrez que l'expression en cause n'a pas le même sens ni les mêmes conséquences, pour l'enfant, son père, et la publicité. Jouer cette scène à quatre personnages, en tenant compte des indications données par l'auteur dans le texte.*

---

## Les belles familles

Louis I
Louis II
Louis III
Louis IV
Louis V

94

Louis VI
Louis VII
Louis VIII
Louis IX
Louis X (dit le Hutin)
Louis XI
Louis XII
Louis XIII
Louis XIV
Louis XV
Louis XVI
Louis XVIII
et plus personne plus rien...
qu'est-ce que c'est que ces gens-là
qui ne sont pas foutus
de compter jusqu'à vingt ?

**Paroles**

Gallimard, N.R.F., Collection « Le Point du Jour »

*Imaginez d'autres suites (dans l'Histoire, l'armée, la religion, le sport, la démographie...) également interrompues et que vous mettrez en poème, à la manière de Prévert. Dire en donnant à chaque élève le rôle d'un roi. Puis d'un seul trait les quatre derniers vers.*

---

La courte saynète qui suit remet-elle en cause la logique scolaire des mathématiques ?

# L'addition

*Le client.* — Garçon, l'addition !
*Le garçon.* — Voilà. *(Il sort son crayon et note.)* Vous avez... deux œufs durs, un veau, un petit pois, une asperge, un fromage avec beurre, une amande verte, un café filtre, un téléphone.

*Le client.* — Et puis des cigarettes !
*Le garçon, (il commence à compter.).* — C'est ça même... des cigarettes...
        ... Alors ça fait...
*Le client.* — N'insistez pas, mon ami, c'est inutile, vous ne réussirez jamais.
*Le garçon.* — !!!
*Le client.* — On ne vous a donc pas appris à l'école que c'est ma-thé-ma-ti-que-ment impossible d'additionner des choses d'espèce différente !
*Le garçon.* — !!!
*Le client, (élevant la voix.).* — Enfin, tout de même, de qui se moque-t-on ?... Il faut réellement être insensé pour oser essayer de tenter d' « additionner » un veau avec des cigarettes, des cigarettes avec un café filtre, un café filtre avec une amande verte et des œufs durs avec des petites pois, des petits pois avec un téléphone... Pourquoi pas un petit pois avec un grand officier de la Légion d'Honneur, pendant que vous y êtes ! *(Il se lève.)*

Non, mon ami, croyez-moi, n'insistez pas, ne vous fatiguez pas, ça ne donnerait rien, vous entendez, rien, absolument rien... pas même le pourboire !

*(Et il sort en emportant le rond de serviette à titre gracieux.)*

### Histoires

Gallimard, N.R.F., collection «Le Point du Jour »

> *Jouez cette saynète, en mettant en valeur l'absurdité de la situation. Établissez une addition semblable (grand magasin, garage, café-tabac-journaux...) qui vous permettrait d'échapper à son règlement.*

———————

En prenant à la lettre le sens des mots ou des chiffres, Jacques Prévert n'échappe plus ici au règlement de l'addition, mais au châtiment de la police.

## L'heure du crime

*Le policier.* — Où étiez-vous le 25 décembre à zéro heure ?
*Le meurtrier.* — En voilà une question !
A zéro heure pouvais-je ailleurs que nulle part !
*Le policier.* — C'est exact.
Vous êtes libre.
*Le meurtrier.* — Comme l'heure.

### Fatras
Gallimard, N.R.F., collection « Le Point du Jour »

---

## Composition française

Tout jeune Napoléon était très maigre
et officier d'artillerie
plus tard il devint empereur
alors il prit du ventre et beaucoup de pays
et le jour où il mourut il avait encore
du ventre
mais il était devenu plus petit.

### Paroles
Gallimard, N.R.F., collection « Le Point du Jour »

---

« Cortège » est un des poèmes les plus caractéristiques du style de Prévert (nous y reviendrons au chapitre suivant). L'auteur y emploie systématiquement un procédé qui lui permet de démolir, avec drôlerie, les conventions les mieux établies.

## Cortège

Un vieillard en or avec une montre en deuil
Une reine de peine avec un homme d'Angleterre
Et des travailleurs de la paix avec des gardiens de la mer

Un hussard de la farce avec un dindon de la mort
Un serpent à café avec un moulin à lunettes
Un chasseur de corde avec un danseur de têtes
Un maréchal d'écume avec une pipe en retraite
Un chiard en habit noir avec un gentleman au maillot
Un compositeur de potence avec un gibier de musique
Un ramasseur de conscience avec un directeur de
      mégots
Un repasseur de Coligny avec un amiral de ciseaux
Une petite sœur du Bengale avec un tigre de Saint-
      Vincent-de-Paul
Un professeur de porcelaine avec un raccommodeur de
      philosophie
Un contrôleur de la Table Ronde avec des chevaliers
      de la Compagnie du Gaz de Paris
Un canard à Sainte-Hélène avec un Napoléon à l'orange
Un conservateur de Samothrace avec une Victoire de
      cimetière
Un remorqueur de famille nombreuse avec un père de
      haute mer
Un membre de la prostate avec une hypertrophie de
      l'Académie française
Un gros cheval in partibus avec un grand évêque de
      cirque
Un contrôleur à la croix de bois avec un petit chanteur
      d'autobus
Un chirurgien terrible avec un enfant dentiste
Et le général des huîtres avec un ouvreur de Jésuites.

## Paroles

Gallimard, N.R.F., collection « Le Point du Jour »

> *Dire chaque vers à deux, à voix haute et distincte, à la manière des huissiers annonçant l'arrivée et la qualité des invités à une réception mondaine.*

# Fiche pédagogique

## POUR JOUER AVEC PRÉVERT

Beaucoup de poèmes de Jacques Prévert peuvent être prolongés par des jeux poétiques. Il est vrai que sa poésie est constamment faite de jeux de mots et de combinaisons les plus diverses (calembours, contrepèteries, inventions burlesques, néologismes, zeugmas, lapsus très volontaires) dont le poète tire des effets comiques inattendus, des significations doubles, des images heureuses. De même, ses poèmes fourmillent de jeux de sons, de combinaisons de mots pour l'oreille (allitérations, rimes et rythmes très variés) qui paraissent faciles, mais dont le poète fait un usage savant. Enfin il ne faut pas négliger les apports surréalistes, dont il est aisé de trouver les traces (inventaires, énumérations hétéroclites d'objets et d'individus, additions de substantifs ou d'adjectifs, associations, automatismes) dans un grand nombre de poèmes. Mais qu'on y prenne garde ! Ces jeux ne sont pas gratuits, même si Jacques Prévert cède parfois à la facilité.

## LES JEUX DES MOTS

### Le jeu de Cortège

Ce jeu (cf. le poème p. 97-98) peut aisément être proposé aux élèves. Voici comment on peut opérer, d'après Jean-Hugues Malineau [1] :

---

1. *L'enfant et la poésie*, Poésie 1, n° 28-29, Librairie Saint-Germain-des-Prés.

Les enfants établissent plusieurs colonnes de noms composés avec les prépositions *de, à, du, en...* puis ils mêlent, à l'intérieur d'une même colonne, deux à deux ces noms composés en intervertissant un des deux termes du nom composé (exemple avec la préposition *à* : soit les deux noms composés : une tête à claques et une pelle à tarte ; le mariage nous donnera : *une tête à tarte* et *une pelle à claques*). Parmi les multiples combinaisons possibles, les enfants choisissent à l'intérieur de chaque colonne les couples les plus amusants ou les plus riches.

Ce jeu de cortège peut être orienté sur un thème très précis : cortège du 14 juillet, cortège du Carnaval de Nice, caravane du Tour de France, la ville, les spectateurs au cinéma, la plage, etc.

Une autre variante consiste à n'employer que des noms composés reliés par un simple trait d'union et des expressions toutes faites, sans aucun lien. Ainsi l'association du nom composé « réveil-matin » et de l'expression « tambour battant » donnera : « un réveil battant avec un tambour matin », ou encore « un sous-préfet » et « un porte-drapeau » formeront le couple suivant : « un porte-préfet avec un sous-drapeau ». On pourrait ainsi donner des exemples à l'infini.

## Les poèmes-inventaires

De nombreux poèmes de Prévert sont constitués par l'accumulation de noms, d'adjectifs, de verbes, par l'énumération d'objets, d'individus, par l'addition d'expressions toutes faites dont le rapprochement est insolite. Jacques Prévert a d'ailleurs donné le titre d'*Inventaire* à l'un de ses poèmes dont on trouvera ci-dessous un large extrait.

## Inventaire

Une pierre
deux maisons
trois ruines
quatre fossoyeurs
un jardin
des fleurs

un raton laveur

une douzaine d'huîtres un citron un pain
un rayon de soleil
une lame de fond
six musiciens
une porte avec son paillasson
un monsieur décoré de la légion d'honneur

un autre raton laveur

un sculpteur qui sculpte des Napoléon
la fleur qu'on appelle souci
deux amoureux sur un grand lit
un receveur des contributions une chaise trois dindons
un ecclésiastique un furoncle
une guêpe
un rein flottant
une écurie de courses
un fils indigne deux frères dominicains trois sauterelles
        un strapontin
deux filles de joie un oncle Cyprien
une Mater dolorosa trois papas gâteau deux chèvres de
        Monsieur Seguin
un talon Louis XV
un fauteuil Louis XVI
un buffet Henri II deux buffets Henri III trois buffets
        Henri IV
un tiroir dépareillé
une pelote de ficelle deux épingles de sûreté un monsieur
        âgé
une Victoire de Samothrace un comptable deux-aides-
        comptables un homme du monde deux chirur-
        giens trois végétariens
un cannibale
une expédition coloniale un cheval entier une demi-
        pinte de bon sang une mouche tsé-tsé
un homard à l'américaine un jardin à la française
deux pommes à l'anglaise
un face-à-main un valet de pied un orphelin un poumon
        d'acier
un jour de gloire

une semaine de bonté
un mois de Marie
une année terrible
une minute de silence
une seconde d'inattention
et...

cinq ou six ratons laveurs [...]

## Paroles

Gallimard, N.R.F., collection « Le Point du Jour »

A la manière de Prévert, essayez de faire l'inventaire burlesque de vos souvenirs d'une année d'école, de trois mois de vacances, ou des deux réunis, ou bien encore d'un mois passé à l'hôpital...

Dans *Cet amour* (cf. page 32), c'est une suite d'adjectifs qualificatifs, parfois complétés par des comparaisons, que l'auteur a employés. Relevez-les. Indiquez ceux qui s'opposent, puis ceux qui expriment une idée proche. Essayez d'en trouver d'autres que vous présenterez de la même manière que Prévert et qui pourraient s'appliquer à un quartier (ce quartier...), un village (ce village...), une automobile (cette automobile...), un chanteur (ce chanteur...) que vous aimez particulièrement ou que vous détestez profondément.

*En sortant de l'école* (cf. page 18) est aussi un poème-inventaire. C'est le rêve d'un enfant naïf, étonné, admiratif, à l'imagination qui transforme la réalité. Il y a là des traces de surréalisme. Le verbe *rencontrer* précède chaque fois l'énumération. A votre tour essayez d'imaginer et d'énumérer ce que vous rencontrez « En sortant de la cabine spatiale des astronautes... ». Une variante peut être proposée : « Vous êtes invisible. Énumérez ce que vous avez rencontré, autour de vous, durant votre voyage imaginaire ».

Poème-inventaire par excellence *La tentative de description d'un dîner de têtes à Paris-France* permet à Prévert de dénombrer les exploiteurs et les exploités. Dans le fragment qui vous est proposé (cf. page 42) les dénombrements concernent la classe des exploités. A la manière de Prévert (*ceux qui* + *un verbe* et éventuellement son ou ses compléments), énumérez ceux qui constituent la classe des premiers nommés.

Dans *Ces messieurs du Tout-Paris*, Prévert agit aussi par

énumération et opposition (cf. page 25), en employant le verbe *parler*. A votre tour, faites parler en opposition les professeurs et l'élève, vos parents et vous-même, les ministres et un simple électeur, etc.

Les procédés précédents *sont*, dans *Cortège*, *Inventaire* ou *Tentative de description d'un dîner de têtes à Paris-France*, utilisés systématiquement. Mais ils peuvent être également employés partiellement, dans tel autre poème. C'est le cas de certaines permutations de termes que vous vous efforcerez de retrouver, par exemple, dans le texte intitulé *Dans ma maison* (cf. page 90).

Chez Prévert les jeux de mots foisonnent. Il sera intéressant d'en retrouver l'origine à travers les poèmes qui précèdent. Beaucoup proviennent d'équivoques, de calembours, de néologismes, d'autres de zeugmas. Certains se présentent sous forme de charades ; d'autres encore ont pour point de départ le rétablissement du sens propre d'un mot.

Essayons de distinguer toutes ces formes de jeux de mots.

## L'équivoque

Prévert tire certains jeux de mots de la double signification d'un terme (sens propre et sens figuré ou sens courant et sens argotique). Un bon exemple est fourni par le titre de ce poème : *Petite tête sans cervelle* (cf. page 24). Ici l'auteur indique clairement la cause et la conséquence de l'accident survenu au cycliste. Au sens figuré, sans cervelle, veut dire étourdi. Et cette étourderie sera fatale au cycliste irréfléchi, puisqu'il sera écrasé par le train et perdra la tête (sens propre de « petite tête sans cervelle »). De même dans *La grasse matinée* (cf. page 43) l'expression : « Le monde se paye sa tête » peut signifier à la fois qu'on se moque de quelqu'un (sens habituel) mais aussi que le salaire fourni est dérisoire et que l'exploitation confine au cannibalisme. Avec les élèves, on peut s'efforcer de retrouver certaines locutions ayant ainsi deux sens possibles : *perdre la tête, perdre pied, perdre son temps*, etc.

## Les zeugmas

D'abord qu'est-ce qu'un *zeugma* ? C'est un procédé qui consiste à rattacher grammaticalement deux ou plusieurs noms à un adjectif ou à un verbe qui, logiquement, ne se rapporte qu'à l'un des noms (définition du Petit Larousse). *Composition française* (cf. page 97) est fondé sur le zeugma du quatrième vers : « Alors il [Napoléon] prit du ventre et beaucoup de pays ». En un vers est ainsi tracée de façon incisive et humoristique l'aventure historique et personnelle de l'Empereur. Ce procédé pourra être réutilisé par les élèves pour faire le portrait satirique d'un grand champion, d'un chef d'état ou d'un chanteur à la mode. A titre d'exemple, voici un portrait-flash d'Hitler :

> Il était souvent
> Dans tous ses états
> Et plus souvent encore
> Dans ceux des autres.

## Les néologismes

Prévert adore fabriquer des néologismes [2]. Le début de *Tentative de description d'un dîner de têtes à Paris-France* en fournit de merveilleux exemples : « ceux qui tricolorent... ceux qui andromaquent/ceux qui dreadnoughtent/ceux qui majusculent... » etc. Un premier exercice consistera à rechercher d'autres exemples dans les poèmes précédents. Ensuite on demandera aux élèves de classer ces néologismes selon leur origine (noms propres, noms communs, adjectifs verbes, adverbes, noms composés, noms empruntés à des langues étrangères, etc.). Puis on invitera les élèves à inventer eux-mêmes des mots nouveaux, désignant par exemple des moyens de transport. Souvenez-vous de la « moto-godille » de *La pêche à la baleine* (cf. page 83). Vous connaissez aussi le bateau-mouche. Alors pourquoi pas « le bateau-mouette », ou « la moto-chouette », ou encore « le vélo-vigie », « le vélo-vas-y ? »

## Les calembours

Magicien du verbe, Prévert adore employer des calembours [3]. Il en fait un usage extrêmement fréquent, comme en témoignent les exemples suivants :

---

2. « Mot nouveau, ou acceptation nouvelle d'un mot déjà existant dans la langue » (Petit Larousse).
3. Jeu de mots fondé sur une équivoque, une similitude de sons.

- « De père en part » *(La pêche à la baleine)*
- « Voilà le père sur la mer » *(La pêche à la baleine)*
- « L'enfant parle incongru
  à son corps défendu » *(Ces messieurs du Tout-Paris)*
- « Mais vous ne nous ferez plus le coup du père Français »
  *(Le temps des noyaux)*
- « Quelle bande de ons » *(Petite tête sans cervelle)*
  et le poème qui suit :

## Le langage dément

Le langage dément dément le langage savant
Le langage savant ça vend des idées

Brocanteurs d'idées
receleurs d'idées
Quand l'art est de rigueur
l'art est nié.

### Choses et autres
Gallimard, N.R.F., collection « Le Point du Jour »

On pourra inciter les élèves à rechercher d'autres calembours parmi les poèmes qu'ils auront lus. Puis ils essaieront de retrouver l'expression originale, à partir de laquelle Jacques Prévert a construit son calembour, par dérivation. Enfin il ne sera pas interdit aux élèves de donner quelques exemples personnels, bien que le genre atteigne rapidement ses limites et ne soit guère prisé en littérature.

## Les mots à la lettre

Que convient-il d'entendre par cette formule ? Simplement que Prévert redonne parfois à une expression, un terme, un adjectif, son sens premier. Ce faisant il révèle l'absurdité *(L'heure du crime, Les belles familles, Le beau langage, L'addition)* de formules toutes faites. On se reportera à ces poèmes dont les questionnaires proposent quelques exercices susceptibles, justement, de s'interroger sur le langage.

## Les charades

Les textes de Prévert, on l'a vu, peuvent se présenter sous les formes les plus diverses : inventaires, fables, histoires, courtes anecdotes, haïkaï[4], saynètes, comptines, chansons, refrains enfantins, faits divers... Il ne déplaît pas non plus à notre poète d'emprunter une forme qui amuse beaucoup les enfants, celle de la charade. Ici, il faut prendre le terme dans son sens large, c'est-à-dire une sorte d'énigme. C'est le cas pour *Les belles familles* ou *L'heure du crime* ou plus précisément :

## Charade

*Le Roi.* — Fais-moi rire, bouffon.
*Le bouffon.* — Sire, votre premier ministre est un imbé-cile, votre second ministre est un idiot, votre troisième ministre un crétin, votre quatrième ministre...
*Le Roi (saisi d'une grande hilarité).* — Arrête, bouffon, et dis-moi la solution.
*Le bouffon.* — La solution, Sire : vous êtes le roi des cons.

### Choses et autres

Gallimard, N.R.F., collection « Le Point du Jour »

Cette impertinente charade n'est pas gratuite. Voyez mon tout ! Au passage, on notera que Prévert n'hésite pas à employer des ter-mes populaires, familiers, voire grossiers, qui sont là pour frapper, choquer ou étonner (cf. *Barbara* : « Quelle connerie la guerre ! »).

# LES JEUX DE SONS

Dans son *Bestiaire fantastique*[5], Jean-Pierre Balpe note, dans le chapitre « Comment jouer avec les animaux », que « le premier but que l'on se propose est par une série de petits jeux-exercices de libérer l'imagination des contraintes du langage, non pour aboutir à de simples travaux formels, mais pour faire prendre

---

4. Petit poème japonais.
5. Larousse, même collection que le présent ouvrage.

conscience du fait que les mots sont souvent plus qu'ils ne semblent ». C'était également l'objet des exercices précédents, regroupés sous le titre : « Les jeux de mots ».

Avec les jeux de sons, nous vous proposons d'aller plus loin dans la difficulté, en tenant compte des rimes et des rythmes, de l'allitération [6], des répétitions sonores, des combinaisons inventées par le poète pour l'oreille. Ainsi serons-nous proches de la création poétique. Certes, il n'est pas question de faire systématiquement de tous nos élèves des poètes, mais notre volonté est de saisir avec eux la réalité des mécanismes de la création. Notre terrain d'exploration sera plus particulièrement la chanson qui donne de bons exemples des jeux de sons auxquels, après Prévert, nous essaierons de nous livrer. Cette entreprise ne devrait pas rencontrer trop de difficultés auprès des enfants.

> Ceux-ci qui ont une plus grande liberté d'association des images et des mots, vivent au voisinage de la poésie. Ils sont plus sensibles au « suspense », d'où leur goût immodéré de la publicité, leur nouveau Livre de Fables. Ils attendent la rime, goûtent la surprise qu'elle provoque, se régalent des onomatopées [7], des drôleries du langage, d'une certaine forme d'absurde, tout en guettant le retour d'un refrain, qui relie, rassure et relance la mécanique. (Luc Berimont, *Jacques Douai*.)

## Les allitérations

Plusieurs exemples sont fournis par *La pêche à la baleine* (cf. page 83) et *La grasse matinée* (cf. page 43). Rappelez-vous, dans le premier poème cité, ce vers « Dépêchez-vous de la dépecer » qui imite un défaut de prononciation, et cet autre vers : « Va la pêpé, va la pêcher toi-même » qui traduit un balbutiement. Dans *La grasse matinée*, les deux vers : « Il est terrible/ le petit bruit de l'œuf dur cassé sur un comptoir d'étain », avec le retour des sonorités en T et D semblent marteler la tête de celui qui a faim. Dans *La crosse en l'air*, l'emploi d'une expression populaire ajoute à la moquerie de l'exclamation : « Ah ! Il est est bath le pape. »

---

6. « Répétition des mêmes sonorités à l'initiale de plusieurs syllabes ou mots » (Petit Larousse).
7. « Mot dont le son imite celui de l'objet qu'il représente » (Petit Larousse).

Dans un premier temps, il sera possible de demander aux élèves de trouver d'autres exemples d'allitération (à dire à voix haute), tirées des chansons et poèmes de Prévert. Ensuite l'imitation de ce procédé pourra être essayée. On suggérera par exemple le son d'un instrument de musique : (piano, trompette, tambour, clarinette, saxophone, cymbales) ou le bruit d'un véhicule de transport (moto, métro, auto, voiture électrique, camion...), ou l'effort d'un sportif, d'un travailleur, etc.

Voici à titre d'exemple :
— Lampées d'air palpitant/ Happées à pleins pistons/ Par une trompette goulue et inassouvie.
— Râclements tonitruants et truculents/ D'un trombone fouillant son gosier/ Comme une pomme d'Adam juvénile.
— Les coureurs ont réagi rageusement.

## Rimes et rythmes

La poésie de Prévert ne se compte pas sur les doigts. Elle est libre comme l'air. Elle est libre comme Prévert. Cependant, surtout dans les chansons, il est facile de faire constater tantôt le retour de mêmes rimes à la fin des vers, tantôt le retour de mêmes sonorités, tantôt l'introduction de rimes intérieures. Toutefois ces rimes sont rarement disposées de façon traditionnelle. Un très bon exemple de rimes intérieures est fourni par la dernière partie du poème : *Le temps des noyaux* (cf. page 72), où la répétition systématique du même son donne plus de force à l'invective. De même, *Le retour à la mer* (cf. page 62) illustre l'emploi de mêmes sonorités, fréquentes, au demeurant, dans les séries ou les suites des poèmes-inventaires. Elles donnent parfois au poème un caractère de litanie [8]. Dans *La chasse à l'enfant* (cf. page 22) ce sont les rimes finales qui sont employées presque systématiquement par l'auteur. On fera distinguer leurs divers agencements (rimes plates ou suivies, rimes croisées, rimes embrassées). Les élèves indiqueront également les exceptions, puis donneront deux ou trois exemples de rimes intérieures. Cet exercice peut être renouvelé à propos de plusieurs poèmes (cf. *Le chat et l'oiseau*, page 86 et *L'enfance*, page 18).

---

8. « Longue et ennuyeuse répétition » (Petit Larousse).

Les rythmes des vers, et donc des poèmes, chez Prévert, sont également très variés. Ils tiennent à la longueur du vers qui peut s'allonger démesurément, bien au-delà des douze syllabes de l'alexandrin qu'on rencontre parfois chez l'auteur (cf. *Démons et merveilles*, page 34). Le vers est parfois ramassé (deux ou trois syllabes), comme au début de *La grasse matinée*. Ainsi l'attaque du poème est-elle plus vive. Parfois le rythme est cassé, pour mettre en valeur un terme (le mot « guerre » dans *Familiale*, cf. page 69). La brièveté des vers de *Déjeuner du matin* renforce la simplicité de ce drame, sans commentaire. A l'inverse, Prévert obtient certains effets d'insistance par l'accumulation de verbes, dans *Tentative de description d'un dîner de têtes à Paris-France* (cf. page 42), ou d'adjectifs dans *Cet amour* (cf. page 32), qui soudain donnent au vers une longueur inattendue. Là encore, on conviera les élèves à rechercher des exemples de rythmes de différents types. Ils s'efforceront alors de retrouver l'intention de l'auteur dans l'utilisation des différents rythmes.

## Les chansons

On fera recenser les chansons contenues dans le choix de textes proposés dans cet ouvrage. Un rapide coup d'œil aux titres permet d'en compter un grand nombre. L'intérêt sera alors de comparer les structures de ces différentes chansons : on s'amuse à reconnaître les couplets et les refrains, les répétitions pour l'oreille, l'agencement des rimes, la valeur des rythmes. On ne négligera pas non plus les apports familiers (expressions populaires, lieux communs) qui font de la poésie de Prévert une poésie orale par excellence. Quant à la musique qui supporte le texte, on vérifiera si elle est en harmonie avec la poésie de Prévert en écoutant les chansons dont les enregistrements ont été cités en référence.

# D'AUTRES PROCÉDÉS

Notre investigation des procédés utilisés par Prévert demeurerait incomplète si nous ne parlions pas de l'usage fait par le poète des comparaisons, des images ou métaphores, et de la personnification.

# Les comparaisons, images ou métaphores

Si la poésie de Prévert est orale, faite pour être dite ou racontée — et à cet égard les titres de ses recueils, *Paroles* et *Histoires*, sont significatifs — elle est également visuelle (et le titre de son second recueil *Spectacles* est là pour le rappeler). Il ne faut pas oublier non plus que Prévert a été, très jeune, fasciné par le cinéma et ses images. Rien d'étonnant alors qu'on en trouve trace dans sa poésie, d'autant que Prévert a horreur du langage abstrait.

Chez Prévert, on rencontrera donc toutes sortes de comparaisons, les plus banales, jusqu'à être des clichés, comme les plus inattendues. Les premières à côté des secondes, parfois volontairement, pour mieux révéler certains aspects contradictoires de l'amour, de l'effort humain ou du langage. Ainsi dans *Cet amour* (cf. page 32) une série de comparaisons alterne clichés (« bête comme une bourrique », « froid comme le marbre », « beau comme le jour ») et images neuves (« vivant comme le désir », « cruel comme la mémoire », « tendre comme un souvenir »).

Dans ce même poème, d'autres comparaisons apparaissent, plus poétiques, plus pleines, plus belles aussi :

> Tremblant de peur comme un enfant dans le noir
> Et si sûr de lui
> Comme un homme tranquille dans la nuit.

Parfois la comparaison est prolongée par une métaphore[9], comme dans ces deux vers de *Sables mouvants* (cf. page 34) :

> Comme une algue doucement caressée par le vent
> Dans les sables du lit tu remues en rêvant

La couleur ajoute aussi à la beauté de certaines comparaisons. C'est le cas dans ces deux vers de *Dans ma maison* (cf. page 91) :

> Et tu resteras immobile nue debout avec ta bouche rouge
> Comme les piments rouges pendus sur le mur blanc

Ou bien elle est le prétexte à un simple jeu de mots, comme dans *La pêche à la baleine* (cf. page 83) :

> Mais voilà Prosper qui se lève,
> Regardant son père dans le blanc des yeux,

---

9. « Procédé par lequel on transporte la signification propre d'un mot à une autre signification qui ne lui convient qu'en vertu d'une comparaison sous-entendue » (Petit Larousse).

Dans le blanc des yeux bleus de son père,
Bleus comme ceux de la baleine aux yeux bleus

Dans une autre partie de *Dans ma maison* (cf. page 90), Prévert écrit : « Bête comme ses pieds, gai comme un pinson ». C'est l'occasion pour le poète, par la suite, de s'interroger sur la valeur de ces clichés et de dénoncer la convention du langage.

Ailleurs encore (cf. *Le temps des noyaux*, page 72), la comparaison familière est destinée à appuyer un acte qui semblait jusqu'alors normal et que Prévert refuse d'admettre :

Le temps où vous donniez vos fils à la patrie
Comme on donne du pain aux pigeons
Ce temps-là ne reviendra plus.

Enfin, comme le note Arnaud Laster :

Les images, même traditionnelles, présentées sous forme de variations, acquièrent une certaine force ; les hommes sont représentés dans *Fleurs et couronnes* marchant « dans la boue des souvenirs/ dans la boue des regrets..., dans les marécages du passé,.. Enlisés dans leurs Champs-Élysées ».

Un premier exercice pourra consister à recenser les différentes catégories de comparaisons rencontrées dans les poèmes de Prévert. On distinguera alors les comparaisons banales, celles qui sont plus savantes et les clichés. A l'imitation de « bête comme ses pieds/ gai comme un pinson », inventez les compléments de comparaisons pour : beau, laid, doux, méchant, malin, riche, pauvre. Trouvez ensuite des comparaisons plus originales pour compléter les phrases suivantes :

— L'air devenait vif comme...
— Le soleil frappait dur comme...
— Le peloton de coureurs se déployait comme...
— Le printemps gonflait l'air comme...
— Il grimpa les trois étages aussi vite que...

On pourra également essayer de remettre en question, à la manière de Prévert, des comparaisons toutes faites comme : « fort comme un Turc », « souffler comme un phoque », « fuir comme un panier », « courir comme un zèbre »...

Un peu plus savantes seront les comparaisons où les deux termes commencent par la même syllabe : promesses comme promoteurs, Baba comme badauds... D'autres seront proposées par les élèves.

Le même travail de recherche pourra être effectué à propos des images ou métaphores. On appréciera les plus originales. On fera dire aux élèves celles que la langue parlée véhicule constamment (le printemps de la vie ; le pied de la montagne ; le flot des nouvelles, la moisson des résultats sportifs...). On pourra les inviter à recueillir de telles formules imagées dans les journaux (titres et articles) et à la radio ou à la télévision. Puis ils seront conviés à mettre en images quelques moments de leur vie scolaire ou familiale...

## La personnification

Autre procédé utilisé par Jacques Prévert : la personnification. C'est dans les fables qu'on trouvera les meilleurs exemples. Ainsi dans *Chanson des escargots qui vont à l'enterrement* (cf. page 85) non seulement les deux escargots sont personnifiés, mais encore le soleil.

Un simple exercice consistera à repérer d'autres exemples de personnification et à en indiquer les éléments. Puis on invitera les élèves à utiliser ce même procédé pour personnifier des objets familiers, ou bien encore des termes plus abstraits comme : le temps, l'espoir, l'effort humain, le bonheur, etc.

# POUR PARLER AVEC PRÉVERT

« Il cause, il cause, ça n'est pas tout ce qu'il sait faire. Jacques Prévert écrit aussi, mais cela marche avec la causerie », observe André Pozner dans *Hebdromadaires*.

Évidemment nous n'avons pas la chance de bavarder avec Prévert, en chair et en os, de l'interviewer, ou de le faire venir dans notre classe. Mais le dialogue peut néanmoins s'établir avec le poète, à partir des textes proposés. La pensée de Prévert, sa voix et jusqu'au débit de la parole (voyez le rythme de certains poèmes) sont apparents dans chaque vers. A partir d'eux, il sera aisé de parler de tout et de rien, du quotidien, de « *La pluie et du beau temps* », de ce qui est important, de ce qui l'est moins, à bâtons rompus ou en débats organisés. Nous viendrons mêler nos voix (et pourquoi pas nos poèmes ?) à celle de Prévert. Nous causerons de « *Choses et autres* », nous raconterons aussi des « *Histoires* ». D'autres poètes aussi pourront apporter leur concours. Et ce sera l'occasion de constituer des dossiers-poésie, des réserves de poèmes par thème ou par poète dans lesquels on puisera à tout moment. Ainsi naîtront de nouvelles anthologies vivantes et propres à chaque classe ou à chaque groupe d'enfants.

Cependant les poèmes ne sont pas faits pour rester dans les dossiers, dans les cartons. Ils doivent être vus et lus par tous. Quoi de plus facile que d'afficher dans la classe ou dans le hall du lycée ceux qu'on préfère ? Une exposition de poèmes recueillis dans l'année peut même être montée à peu de frais (grandes feuilles de papier de diverses couleurs, stylos-feutre, etc.) et présentée à l'occasion d'une fête scolaire, d'une « portes-ouvertes », d'une kermesse ou d'une veillée-poésie au foyer socio-éducatif. Des dessins, inspirés des poèmes récoltés illustreront sans peine les textes affichés. On pourra faire aussi appel aux reproductions de tableaux, aux agrandissements du club-photo de l'établissement ou de la Maison des jeunes voisine pour donner un prolongement coloré et plastique à l'exposition réalisée sur un thème choisi par les élèves.

La poésie de Prévert, nous avons eu plusieurs fois l'occasion de le dire, est une poésie orale, dans la tradition des poètes, troubadours et trouvères, du Moyen Age. Il sera judicieux de réaliser avec les élèves des enregistrements au magnétophone. C'est un excellent exercice de diction, puisqu'on peut contrôler sa voix et sa respiration. L'apport de chansons ne sera pas à négliger et pourra être combiné avec la diction de poèmes, de sorte qu'un véritable montage audio-visuel (projections simultanées de diapositives) soit réalisé. Alors la veillée poétique n'est plus difficile à mettre en place. Pensez à l'éclairage, à l'accompagnement musical (guitare ou piano), mais un micro n'est pas indispensable (surtout dans les petites salles). Au reste, un auditoire de trente ou quarante personnes est suffisant.

Parler avec Prévert sera chose faite, dès lors que ses poèmes auront parlé au cœur, à la sensibilité et à l'intelligence de nos élèves, dès lors qu'ils auront été la source de débats, de discussions, de recherches de textes, de collections de poèmes, dès lors qu'ils auront inspiré la lecture de tel autre poète ou la création de nouveaux textes, dessins ou peintures.

C'était là notre intention profonde. Dialogue avec Prévert ? Quelle classe osera envoyer une bande magnétique ou des dessins ? Ce ne serait pas la première fois qu'on écrit au poète.

On le fait même de très loin, des États-Unis, par exemple [10]. Alors pourquoi pas vous ?

## Les débats

Un grand nombre de poèmes de Jacques Prévert peuvent fournir le point de départ d'une discussion à bâtons rompus ou d'un débat préparé par un groupe d'élèves, sur des thèmes très variés : l'école, la délinquance juvénile, le sort des travailleurs immigrés en France, le racisme, la condition ouvrière. la pollution, la guerre, le service militaire. Cette liste n'est donnée ici qu'à titre indicatif. Il reste que chaque professeur, chaque groupe d'élèves pourront en suggérer d'autres, selon leur propre désir ou intérêt.

Le débat sur *l'école* pourra venir après la lecture de poèmes comme : *Le cancre* (cf. page 16), *Page d'écriture* (cf. page 17), ou même *En sortant de l'école* (cf. page 18). Il n'est pas question ici d'amorcer le débat qui peut déboucher sur de nombreuses pistes : réalités de l'école actuelle, l'école idéale, etc. Notons que ce débat sera grandement enrichi par un film qui s'intitule : *L'école : des enfants, des hommes* diffusé par le C.R.E.P.A.C. [11], dans la série « Certifié exact » (film en couleurs. Durée 45 minutes environ). On pourra également renvoyer les élèves aux recueils de Prévert dont certains contiennent plusieurs poèmes sur le même thème.

*La délinquance juvénile* est un thème particulièrement prisé par les adolescents. Il peut être développé à partir de poèmes comme : *La chasse à l'enfant* (cf. page 22), *Petite tête sans cervelle* (cf. page 24), ou encore, *Exilé des vacances* (cf. page 28) ; non que ces poèmes traitent explicitement ce sujet, mais parce qu'ils peuvent inciter les élèves à se poser des questions. On invitera les élèves à préparer ce débat par groupes. Les uns rechercheront les causes sociales de la délinquance juvénile, d'autres les causes familiales, d'autres encore les causes d'ordre psychologique. Un quatrième groupe s'efforcera de proposer des solutions. La discussion pourra aussi être complétée par la projection du film américain : *Graine de violence*, que le ciné-club de l'établissement se

---

10. « Un jour, Jacques Prévert a reçu des États-Unis, de l'Ohio, un enregistrement sur bande magnétique » (André Pozner dans *Hebdromadaires*).
11. Centre de Recherche pour l'Éducation Permanente et l'Action Culturelle, 12, rue Clavel, 75019, Paris.

procurera auprès de l'U.F.O.L.E.I.S. [12]. Ce ne sont là que quelques pistes de départ, il y en a d'autres, au libre choix des élèves et de leurs professeurs.

*Le sort des travailleurs étrangers en France* — *Le racisme* sont des thèmes qui viennent immédiatement à l'esprit quand on a lu *Étranges étrangers*.

Ces thèmes sont d'actualité et pourraient apparaître comme « tarte à la crème ». C'est pourquoi il convient d'enrichir le débat de renseignements précis, puisés à bonne source. Sur ce sujet on s'adressera, par exemple, au M.R.A.P. [13], qui publie une revue mensuelle : *Droit et Liberté,* dans laquelle on recueillera de nombreux documents. Des expositions peuvent également être prêtées par le M.R.A.P.

Des projections de films apporteront d'autres témoignages. Parmi les plus authentiques et les plus faciles à se procurer, il faut citer *Etranges étrangers* qui reprend justement le titre du célèbre poème de Prévert. Ce film est distribué par le C.R.E.P.A.C. et traite du sort des travailleurs étrangers en France : accueil, logement, conditions de travail, place dans l'économie générale, racisme (durée : 45 minutes). Trois films de René Vautier [14] méritent toute notre attention :

— *Les Ajoncs* (durée : 12 minutes - 16 mm. couleur) : un travailleur algérien cherche du travail.

— *Les trois cousins* (durée : 8 minutes - 16 mm. couleur) : la vie, la recherche du travail, la mort de trois travailleurs algériens dans la région parisienne.

— *La Caravelle* (durée : 6 minutes - 16 mm. noir et blanc) : au cours duquel une institutrice explique pourquoi elle pense que de nouveaux rapports peuvent s'établir entre les peuples de France et d'Algérie.

— *Ou Mohamed, ou Moktar, ou Mehdi...* [15] de Yannek (durée : 30 minutes - 16 mm. noir et blanc et couleur) : un Français et un travailleur immigré ; un constat « poétique » de l'exil perçu par un occidental.

Bien des lectures pourront également être proposées aux élèves.

---

12. S'adresser au service cinéma de la Fédération des Œuvres Laïques de votre département.
13. Mouvement contre le racisme, l'antisémitisme et pour la paix, 120, rue Saint-Denis, 75002 Paris.
14. Animateur de Unité Production Ciné Bretagne (U.P.C.B.).
15. Pour ces quatre films, s'adresser à Production U.P.C.B., 13, rue Jean-Beausire, 75004 Paris.

Nous nous contenterons de citer deux livres : *Ma vie avec Martin Luther King* de Coretta Scott King (Stock) et *Black Boy* de Richard Wright (Albin-Michel, le Livre de Poche, n° 811). Il va de soi qu'un tel thème peut se développer sur plusieurs semaines.

*La condition ouvrière* : Le sujet est vaste et revient maintes fois dans l'œuvre de Prévert. Plusieurs poèmes peuvent fournir un solide tremplin à la discussion. Il suffit de se reporter aux textes réunis sous la rubrique : « *la peine des hommes* » (cf. page 41). A l'occasion des débats, il sera intéressant d'inviter des parents d'élèves qui parleront de leur expérience du monde du travail, ou bien des anciens élèves entrés récemment dans la vie active, ou bien encore des représentants des principaux syndicats ouvriers [16]. Des visites d'usines, des interviews de travailleurs (en demander l'autorisation à la direction de l'usine visitée) seront autant de témoignages vivants et personnels. On aura également recours au cinéma. *Les Jeunes et l'Emploi* (durée : 40 minutes environ - 16 mm. couleur), distribué par le C.R.E.P.A.C., insiste sur l'emploi, la formation professionnelle, les premiers contacts des jeunes avec le monde du travail, à travers le témoignage d'une famille de Béziers commenté par MM. Delors (ancien conseiller technique auprès du Premier ministre J. Chaban-Delmas), Michel (C.G.T.) et Tarnaud (C.F.D.T.). Un autre film du C.R.E.P.A.C. a pour titre : *Les travailleurs et la formation* et traite du problème de la formation continue. *Transmission d'expérience* de René Vautier (durée : 15 minutes - 16 mm. couleur - U.P.B.C.) pourra être projeté. On recommandera enfin, aux plus âgés de nos élèves, la lecture d'un roman, parmi tant d'autres : *325 000 Francs* de Roger Vailland (Gallimard, N.R.F. le Livre de poche, n° 986), celle de l'ouvrage de Raymond Le Loch, *les Ouvriers* [17], et l'écoute de chansons [18].

*La pollution* : encore un thème à la mode et qui ne manquera pas d'apparaître après la lecture de poèmes comme : *Tant de forêts* (cf. page 61), ou *Le retour à la mer* (cf. page 62). Il serait

---

16. S'adresser au siège des Unions départementales des Syndicats, dans chaque département.
17. Larousse, collection « Idéologies et Sociétés », 1975, 192 p., avec fiche pédagogique intégrée.
18. *Le chant des ouvriers*, album de deux disques 30 cm, édité chez Disc'AZ (Mouloudji, F. Solleville, Les Octaves, E. Gellert interprètent des ballades et complaintes syndicalistes). Jacques Douai, Disques SM, 25 A 193.

souhaitable que le débat soit conduit en collaboration avec le professeur de sciences naturelles ou de géologie. Un film du C.R.E.P.A.C. pourra là encore servir de point de départ à une discussion : *Y'a le feu à la baraque* (durée : 40 minutes environ - 16 mm. couleur). Le sujet en est le suivant : la pollution et la destruction de la nature revêtent des formes multiples, les incendies de forêts étant eux-mêmes une forme de cette pollution de l'esprit de l'homme. On verra aussi avec intérêt un autre film du C.R.E.P.A.C. intitulé : *Escroqueries à l'alimentation* (durée : 40 minutes environ - 16 mm. couleur). On lira : *La dernière exploration* d'Alain Bombard (Éditions La Presse) et *A vous de choisir* de René Dumont (Éditions Pauvert) qui vient de constituer un centre de coordination du mouvement écologique (58, rue Notre-Dame de Lorette, 75009, Paris).

Une exposition, agrémentée des poèmes de Prévert, et des documents (photos et textes) recueillis dans des revues spécialisées servira de point final à un travail qui demandera plusieurs semaines de recherches.

*La guerre - l'armée - le service militaire* : ces thèmes-là fuseront, sans aucun doute, après la lecture de poèmes regroupés sous la rubrique : « *Prévert et la guerre* » (cf. page 65). L'attitude de Prévert sera mise en cause par les uns, tandis qu'elle réjouira les autres. Bonne occasion d'un débat qui peut prendre de nombreux aspects. La guerre est-elle une fatalité ? L'armée est-elle une nécessité ? Qu'est-ce que la « défense nationale » ? Qu'est-ce que la force de frappe ? Pourquoi un service militaire obligatoire ? Pour ou contre une armée de métier. Qu'est-ce que l'objection de conscience ? etc... Les élèves choisiront eux-mêmes les questions qu'ils souhaitent aborder. Des débats contradictoires pourront être organisés avec les pacifistes et des représentants de l'autorité militaire. Il faudra rechercher les textes de lois sur l'objection de conscience (voir le *Journal Officiel* qu'on peut se procurer à la mairie). De petites revues comme *Élan poétique, littéraire et pacifiste* (31, rue Foch, 59126-Linselles), qui a d'ailleurs publié un numéro spécial sur Prévert (n° 48 - Nov. 69), fourniront volontiers des documents. Les films aideront aussi à se faire une idée. Nous vous proposons de voir *Avoir 20 ans dans les Aurès* de René Vautier (U.P.C.B. durée : 1h 40 - 16 mm. couleur) et *Techniquement si simple* (U.P.C.B., durée : 20 minutes - 16 mm. noir et blanc) où un ancien combattant d'Algérie fait part de ses problèmes : il a posé des mines pendant la guerre, et lors d'un voyage dix ans après... Sur une question brûlante aussi, le film de Bloch et Haudiquet *Le Larzac* (U.P.C.B. durée : 1 h 15 - 16 mm. couleur), portera témoignage sur le plateau, les militaires, les paysans.

## D'autres façons de présenter Prévert (et les poètes...)

Sur les thèmes évoqués ci-dessus, et sur d'autres encore ( l'enfance, la liberté, les animaux, les saisons, la maison, la ville, les métiers...) on demandera aux élèves de rechercher des poèmes, des chansons, des textes divers qui complèteront ceux de Prévert et permettront des présentations sous diverses formes : dossiers par thèmes, affichage dans la classe, montages et enregistrements au magnétophone, montages audio-visuels, spectacles poétiques.

*Les dossiers-poésie* : depuis quelques années, des expériences existent ici et là. En voici deux rapportées par Pierre Ferran [19], conseiller pédagogique à l'École Normale Supérieure de Saint-Cloud :

> A la bibliothèque de Clamart, les enfants constituent un « bac à poèmes » où ils classent, après les avoir lus et commentés entre eux et leurs éducateurs, les œuvres qu'ils préfèrent. Au C.E.S. de Decazeville, les élèves de cinquième ont créé, avec l'aide de leur professeur de français, un Club poème au sein duquel ils s'intéressent plus particulièrement à la poésie contemporaine. Actuellement, ils sont en train de réaliser un fichier de poèmes et une bibliothèque, et ils écrivent pour cela aux auteurs. Bien entendu, ce travail volontaire est fait durant les activités libres ou en dehors des heures de cours. Il n'entrave nullement la séance d'explication de textes. Mieux, il la fonde.

Ce travail sera facilité par l'introduction, en classe, de livres de poésie qu'on peut se procurer maintenant, à bon marché, dans les collections de poche. Citons pour mémoire la collection *Poésie/Gallimard, Les poètes contemporains en poche* de P.-J. Oswald, *Les poètes d'aujourd'hui* et la série *Poésie et chansons* de P. Seghers, *Poésie I* des éditions Saint-Germain-des-Prés. Les anthologies coûtent un peu plus cher, mais les élèves prendront plaisir à les feuilleter, à découvrir tel ou tel poème, et finalement à faire un choix. Parmi les anthologies il convient de retenir *le Livre d'or des poètes* (3 volumes) de Georges Jean, *l'Anthologie*

---

19. N.R.P.L., n° 9, mai 1972.

*thématique de la poésie française* par Max-Pol Fouchet, les *Poèmes à dire* choisis par Daniel Gélin, avec une préface de Jean Vilar parus chez Seghers et un ouvrage déjà ancien : *Poèmes d'aujourd'hui pour les enfants de maintenant* de Jacques Charpenteau [20]. *Le Dictionnaire de la poésie française contemporaine* de Jean Rousselot et le *Dictionnaire de la chanson française* de France Vernillat et Jacques Charpenteau [21] fourniront une mine de renseignements sur les auteurs. Tous ces ouvrages peuvent être manipulés par les élèves. Ils sont d'accès facile. Dans la classe, on laissera les élèves libres de leur choix. Ils discuteront des textes, en soumettant d'autres, justifieront le cas échéant leurs préférences. Un vote pourra même intervenir, à l'issue de la discussion, pour fixer le ou les poèmes retenus. Il va de soi que chaque élève peut, individuellement, constituer une anthologie qui lui soit personnelle où il inclura ses propres essais.

*Les poèmes-affiches* : A la suite de la découverte des poèmes de Prévert, dans cet ouvrage, les élèves peuvent afficher dans la classe les poèmes qu'ils ont préférés. On les reproduira, sur des grandes feuilles de papier, au stylo-feutre. Choisir une typographie sobre et nette : caractères d'imprimerie par exemple. Respecter les blancs et les marges, afin de donner une belle image visuelle du poème. Le même travail peut être renouvelé à propos d'un thème précisément étudié en classe. Il peut prendre également la forme d'une exposition plus élaborée, dans l'établissement scolaire ou même hors de celui-ci. On fera alors appel à l'atelier sérigraphie du C.E.S., du lycée ou de la M.J.C. voisine, pour reproduire tel poème à de nombreux exemplaires. Pourquoi ne pas aller jusqu'à l'affichage des meilleurs poèmes de nos élèves dans les rues (arrêts d'autobus, vitrines de commerçants, palissades des chantiers de construction etc...), à condition d'en demander l'autorisation à l'administration municipale ? Ce sont là seulement quelques pistes, il y en a d'autres (le recueil de classe par exemple).

## Enregistrements au magnétophone et montages audio-visuels

L'usage du magnétophone est particulièrement recommandé pendant les heures consacrées à la poésie. L'imprégnation des

---

20. Les Éditions ouvrières, 1958.
21. Tous deux chez Larousse, collection « L'Homme du XXe siècle ».

textes, lus puis enregistrés, est facilitée par l'emploi de ce matériel. Il permet de prendre conscience du rythme du poème, de son débit, pourrait-on dire, lorsqu'on « parle » les poèmes de Prévert. Il permet aussi au professeur de corriger la diction de l'élève et de l'enrichir progressivement.

Ce sont donc les premiers exercices qu'on pourra mener en compagnie des élèves. Il y a là un apprentissage du contrôle de soi, de son souffle, de sa voix, tout à fait indispensable. Cela acquis, on pourra user du magnétophone pour des exercices plus complexes. Sur un thème donné (la guerre par exemple) on intercalera des enregistrements de chansons se rapportant au sujet choisi [22], entre des poèmes dits par les élèves. Il n'est pas interdit d'y ajouter l'enregistrement de certains bruits (bombardements, fusillades, cris, etc...). On choisira les textes des poèmes et des chansons en fonction de la ligne qu'on souhaite donner au montage : la guerre et ses causes, ou la guerre et ses conséquences, ou encore le refus de la guerre, la résistance, les pacifistes, les bellicistes. Parfois un poème pourra être coupé et relié à un autre poème par un ou deux vers seulement. Il faudra combiner les voix, leurs timbres, de façon à éviter la monotonie. Le rythme d'un tel montage doit être nerveux. La musique d'accompagnement sera choisie en conséquence [23]. Les poèmes de Prévert consacrés à ce thème de la guerre sont assez nombreux et variés pour fournir la matière à plusieurs montages. Se reporter à la rubrique « Prévert et la guerre » (cf. page 65). Toutefois d'autres poèmes peuvent être recueillis dans l'ensemble de son œuvre (voir bibliographie page 125). Le montage peut être élargi à d'autres poètes contemporains. Il faudra penser alors à Eluard, Aragon, Desnos, Tardieu, Vercors, Guillevic, Pierre Emmanuel, Max Jacob, Cadou, Cassou, Leiris pour ne citer que quelques poètes français.

Ces montages ainsi composés seront encore enrichis par la projection simultanée de diapositives se rapportant au thème développé. A titre d'exemple, un montage peut être réalisé, avec les poèmes de Prévert, sur le travail la condition ouvrière, « La peine des hommes » (cf. page 41) ou l'effort humain (un poème de Prévert porte d'ailleurs ce titre dans *Paroles* et pourra servir de

---

22. Voir la discographie établie par François Chevassu, *L'animateur culturel*, n° 43, janv.-fév. 67.
23. *Prière pour les morts d'Auschwitz* (Le chant du monde, LDY, 6011, 33 T.) ; *Le sang des Hommes*, J.-M. Tennberg (Disques JMT CBS, JMT 001, 33 T.) ; *La deuxième guerre mondiale* (Guilde internationale du disque, 5 disques 33 T.).

ligne de force au montage entrepris sur ce thème). Il sera opportun d'y ajouter la projection de diapositives reproduisant des œuvres de Fernand Léger. Le poète et le peintre ont bien des points communs. Ils se sont intéressés l'un et l'autre au monde du travail et leur vision politique de la société était assez proche. Mais c'est encore la façon de faire, la manière de créer qui les rapproche le plus. Simplicité, naïveté savante, sont des termes que l'on peut appliquer à l'un et à l'autre. Ce n'est là qu'un exemple. Pour les autres thèmes, on cherchera, avec la collaboration du professeur de dessin, des peintres, mais pourquoi pas aussi des caricaturistes, des humoristes, en correspondance avec l'œuvre de Prévert. Dans certains cas, la projection fixe d'une seule œuvre pendant tout le montage peut suffire par sa puissance évocatrice. Ainsi le *Guernica* de Picasso — ami de Prévert — peut servir de toile de fond à tout un montage sur la guerre. On se procurera ces séries de diapositives, reproduisant des œuvres d'art, auprès des centres régionaux ou départementaux de Documentation Pédagogique (C.R.D.P. ou C.D.D.P.). Certaines bibliothèques centrales de prêts possèdent aussi, à côté d'un fond de livres important, des séries de disques et de diapositives [24]. Quand on ne pourra pas obtenir le prêt de ces reproductions, il est toujours possible à un élève doué pour le dessin de faire un portrait géant du poète. Cette reproduction, éclairée par un seul projecteur, fera office de projection fixe pendant le déroulement du montage.

*Spectacle poétique* : il n'est pas question de présenter des spectacles de poésie. Ce n'est pas notre objectif et nous n'en aurions pas le temps. D'autre part nos élèves ne sont pas des comédiens, et nous perdrions à vouloir imiter le travail de professionnels. C'est pourquoi nous nous contenterons de présenter nos montages audio-visuels à des cercles restreints (30 ou 40 personnes environ). Il suffira de quelques mètres carrés, d'une table ou deux, de quelques chaises au milieu des spectateurs, et d'un éclairage approprié. Ne pas se contenter de présenter un enregistrement réalisé au préalable. Ce serait ennuyeux. Tous les poèmes doivent être dits de vive voix, en direct, par les élèves. Seules la musique et quelques chansons auront été enregistrées, ainsi que les bruits, le cas échéant, ce qui demandera d'ailleurs un travail minutieux de synchronisation. Inutile de faire apprendre les

24. On peut aussi s'adresser à l'U.F.O.L.E.A., (3, rue Récamier, 75007 Paris) qui possède certaines collections (Picasso, entre autres).

poèmes par cœur, mais bien les classer, afin qu'il n'y ait pas de temps mort !

Dans le cas de Prévert on peut aussi mettre sur pied une veillée-chansons puisque de nombreux textes ont été écrits pour être chantés (voir Discographie, page 123). Ce n'est pas un spectacle. Une salle de classe convient. Encore faut-il y créer un climat d'intimité. Compte-tenu que le texte des chansons est très important, il est nécessaire de disposer d'un bon électrophone. Penser à classer les disques avant la veillée dans l'ordre de passage. Voilà pour les détails matériels essentiels. Quant au programme, c'est à chaque classe, à chaque groupe d'élèves, de le composer, en choisissant dans le répertoire de Prévert quinze à vingt chansons ou poèmes mis en musique. C'est pourquoi nous ne présenterons pas de veillée-type toute faite [25]. Toutefois le canevas d'une veillée-chansons prévoit une musique d'accueil (dans le cas de Prévert *Les feuilles mortes*, son plus célèbre succès, conviendrait bien) et, après l'audition d'une quinzaine de chansons, une musique « pour finir » (pourquoi pas *En sortant de l'école* ?). Une discussion pourra suivre cette veillée-chansons. Ne l'instaurer que lorsque toutes les chansons auront été entendues et non après chacune d'entre elles.

« Parler Prévert », parler avec Prévert, tels étaient nos objectifs. Avec des élèves plus âgés, ceux du second cycle, on pourra parler de Prévert. Cette ambition, qui encore une fois n'est pas celle de ce présent ouvrage, pourra conduire les élèves et leurs professeurs à traiter certains thèmes, faisant appel à des notions plus abstraites : l'esprit de révolte chez Prévert, l'injustice, l'amour de la vie, la mort, la « morale » de Prévert. Ces thèmes ne sont cités qu'à titre indicatif et pour envisager une sorte de suite au travail qui aura pu être mené avec les élèves de la 6e à la 3e, il y aura lieu alors de se reporter à l'ensemble de l'œuvre de Prévert. Notre espoir est d'avoir pu en faciliter l'accès.

---

25. Une « valise-veillée » a été réalisée sur Prévert. S'adresser auprès de la Fédération des Œuvres Laïques de votre département.

# BIBLIOGRAPHIE SÉLECTIVE ET CHRONOLOGIQUE DES OEUVRES DE PRÉVERT

1930 — Les premiers textes de Prévert : *Souvenirs de famille ou l'Ange garde-chiourme* paraissent dans « Bifur ».

1931 — Jacques Prévert publie *Tentative de description d'*un *dîner de têtes à Paris-France* dans « Commerce ».

1932  Jacques Prévert écrit plusieurs courtes pièces pour
1936  le Groupe Octobre dont *La bataille de Fontenoy* (1933) et *Le tableau des merveilles* d'après Cervantes (1935).

1936 — Jacques Prévert publie dans « Soutes » n° 5, cinq poèmes contre la guerre.

1937 — Jacques Prévert publie *Branle-bas de combat* dans « Cinématographe ».

1945 — « C'est à Saint-Paul de Vence... », préface à *Souvenirs du présent*, d'André Verdet (La Nouvelle Édition).
*Paroles*, première édition, avec une couverture de Brassaï (Éditions du Point du Jour, collection « Le Calligraphe ».

1946 — *Le Cheval de Troie*, avec des poèmes de Jacques Prévert, André Verdet, André Virel (Le Portulan) ; *Histoires* en collaboration avec André Verdet, illustrées par Mayo (Le Pré aux clercs) ; *Poèmes*, avec des dessins de Brassaï (Tisné).

1947 — *Contes pour enfants pas sages*, illustré par Elsa Henriquez (Le Pré aux clercs) ; *Paroles*, nouvelle édition revue et augmentée (Éditions du Point du Jour) ; *Le petit lion*, avec des photos d'Ylla (Arts et métiers graphiques).

1949 — « C'est à Saint-Paul de Vence... », nouvelle édition, avec une couverture d'Émilienne Delacroix (La Nouvelle

Édition) ; *Paroles* (Gallimard, N.R.F., Collection « Le Point du jour »).

1950 — *Des bêtes*, avec des photographies d'Ylla, (Gallimard, N.R.F., collection « Le Point du Jour »).

1951 — *Spectacle* (Gallimard N.R.F., collection « Le Point du Jour ») ; *Vignette pour les vignerons*, avec des dessins de Françoise Gilot et des photographies de Marianne, 1951, (Éditions Falaize) ; *Le grand bal du printemps*, avec des photos d'Izis (Lausanne, La Guilde du livre).

1952 — *Bim, le petit âne*, avec des photos de Lamorisse, (Lausanne, La Guilde du livre, puis, Paris, Hachette) ; *Charmes de Londres*, avec des photos d'Izis, (Lausanne, La Guilde du livre) ; *Lettres des Iles Baladar*, avec des dessins d'André François (Gallimard, N.R.F., collection « Le Point du jour »). *Guignol* avec des dessins d'Elsa Henríquez (Lausanne, La Guilde du livre).

1953 — *Tour de chant*, avec des dessins de Loris et une musique de Christiane Verger (Lausanne, La Guilde du livre) ; *L'opéra de la lune*, avec des dessins de Jacqueline Duhème et une musique de Christiane Verger (Lausanne, La Guilde du livre).

1955 — *La pluie et le beau temps* (Gallimard, N.R.F., collection « Le Point du Jour ») ; *Lumière d'homme* (G.L.M.).

1956 — *Miró*, en collaboration avec G. Ribemont-Dessaignes et des reproductions de Mirò (Maeght).

1957 — *Images*, présentées par René Bertelé (Maeght).

1959 — *Portraits de Picasso* avec des photos d'André Villers (Milan, Muggiani).

1961 — *Couleur de Paris*, avec des photos de Peter Cornelius (Edita, S.A., Lausanne).

1963 — *Histoires*, nouvelle édition, (Gallimard, N.R.F., collection « le Point du Jour »).

1966 — *Fatras* avec 57 reproductions de collages de l'auteur (Gallimard, N.R.F., collection « le Point du jour »).

1968 — *Varengeville* avec des reproductions de peintures de Georges Braque (Maeght) ; *Arbres*, avec des gravures de G. Ribemont — Dessaignes (Éd. de la Galerie d'Orsay).

1970 — *Imaginaires* avec des reproductions en couleurs de collages de Jacques Prévert (Skira, collection « Les sentiers de la création »).

1972 — *Choses et autres* (Gallimard, N.R.F., collection « le Point du jour ») ; *Hebdromadaires* écrit avec la collaboration d'André Pozner (Guy Authier Éditeur).

## Ouvrages à consulter

— Andrée Bergens : *Prévert* (*Editions Universitaires*, Classiques du XXᵉ siècle, 1969).
— Gérard Guillot : *Les Prévert* (*Seghers*, Cinéma d'aujourd'hui, 1966).
— Arnaud Laster : *Paroles-Prévert* (Hatier, collection Profil d'une œuvre, 1972).
— Jacques Prévert - André Pozner : *Hebdromadaires* (Guy Authier éditeur, 1972).

# DISCOGRAPHIE

## Chansons de Jacques Prévert

### Les Frères Jacques chantent Prévert

La Fête - Le gardien de phare - En sortant de l'école - Et la fête continue - Barbara - Le miroir brisé - La pêche à la baleine - Page d'écriture - Inventaire - Chasse à l'enfant - L'orgue de barbarie - Chanson de l'oiseleur - Deux escargots s'en vont à l'enterrement - Le cauchemar du chauffeur de taxi - Chanson pour les enfants l'hiver.
(Philips 33 T. Collection Rencontres - Standard B. 77 930 L).

### Yves Montand chante Prévert

Les cireurs de souliers de Broadway - Dans ma maison - En sortant de l'école - On frappe - Paris at night - Les feuilles mortes - Sanguine - Le miroir brisé - Le jardin - Quelqu'un - Page d'écriture - Barbara - Fable - Les enfants qui s'aiment.
(Philips 33 T. Artistique L. 77 479 L).

## Chansons de Jacques Prévert

Cet amour - Deux escargots s'en vont à l'enterrement - Les feuilles mortes, par Cora Vaucaire

Chanson pour les enfants l'hiver - En sortant de l'école - Et la fête continue - Et puis après - Les enfants qui s'aiment, par Germaine Montero

Barbara - Immense et rouge - Noël des ramasseurs de neige, par Éric Amado

Démons et merveilles - Le tendre et dangereux visage de l'amour, par Michèle Arnaud

(Édition Chant du monde 33 T. 25 cm. L.D.M. 4004).

## Cora Vaucaire : chansons et poèmes de Prévert (volume I)

Embrasse-moi - L'orgue de barbarie - Quand tu dors - Le gardien du phare aime trop les oiseaux - Deux escargots s'en vont à l'enterrement - Barbara - Où je vais, d'où je viens - Dans ma maison - Rien à craindre - L'addition - Grasse matinée - Combat avec l'ange.

(Disque Pathé-Marconi 33 T. 30 cm. STX 192).

## Cora Vaucaire : chansons et poèmes de Prévert (volume 2)

Les enfants qui s'aiment - Le miroir brisé - Fille d'acier - Paris at night - En sortant de l'école - Et la fête continue - La pêche à la baleine - Le désespoir est assis sur un banc - Page d'écriture - Le cancre - Conversation - Chanson dans le sang - Quartier libre - Déjeuner du matin - Fleurs et couronnes.

(Disque Pathé-Marconi 33 T. 30 cm. STX 219).

## Cora Vaucaire chante Prévert et Kosma

Les feuilles mortes - L'orgue de Barbarie - Le gardien du phare aime trop les oiseaux - Barbara - Un beau matin - Le tendre et dangereux visage de l'amour - Démons et merveilles - Les enfants qui s'aiment - Dans ma maison - Deux escargots s'en vont à l'enterrement - Page d'écriture - La pêche à la baleine - Chanson dans le sang - En sortant de l'école.

(Disque Emidisc 33 T. 30 cm. CO48-50635).

D'autre part **Jacques Douai** interprète les chansons suivantes de Prévert : Le tendre et dangereux visage de l'amour - Démons et merveilles - (Chansons poétiques anciennes et modernes - Volume 2 - 33 T. BAM. LD 5714) ; La complainte de Gilles

(Chansons poétiques anciennes et modernes - Volume 3 - 33 T. BAM. LD 5730) ; Chanson pour les enfants l'hiver (Jacques Douai chante pour les enfants - n° 5 - 33 T. BAM. EX. 674) ; En sortant de l'école (Jacques Douai chante pour les enfants, 33 T. 25 cm. BAM. LD. 5758) ; Les feuilles mortes ( « 25 ans de chansons » Album 33 T. BAM. 5821).

De son côté **Mouloudji** a enregistré les chansons suivantes de Prévert : La pêche à la baleine - Barbara (Disques Mouloudji EM 12018 M. 45 T EP) ; Les feuilles mortes ( Disques Mouloudji EM 12005 M. 45. T. EP).

Jacques Prévert a écrit pour **Yves Montand,** *Simple comme bonjour.* Celui-ci a enregistré cette chanson en 1958 (Philips 33 T. 30 cm. B 77 322 L).

Notons enfin qu'on peut se procurer les textes et la musique des chansons de Jacques Prévert auprès des Editions Enoch et Cie, éditeurs de musique (27, bd des Italiens, 75002-Paris) qui ont publié deux recueils intitulés : 21 *chansons et d'autres chansons.* Ceux-ci comprennent notamment : Chanson pour les enfants l'hiver - Deux escargots s'en vont à l'enterrement - En sortant de l'école - Et la fête continue - Fable - L'orgue de Barbarie - Page d'écriture - La pêche à la baleine.

IMPRIMERIE HÉRISSEY. — ÉVREUX - 27000.
Juillet 1975. — Dépôt légal 1975-3ᵉ — N° 20663. — N° de série Éditeur 8327.
IMPRIMÉ EN FRANCE *(Printed in France).* — 38 005-A-11-77.